W0068621

Syberberg

PARSIFAL.

Ein Filmessay

Originalausgabe

WILHELM HEYNE VERLAG
MÜNCHEN

HEYNE-BUCH Nr. 6024
im Wilhelm Heyne Verlag, München

Copyright © 1982 Hans Jürgen Syberberg und
Wilhelm Heyne Verlag, München
Printed in Germany 1982
Umschlaggrafik: Benjamin Baltimore/Syberberg
Umschlaggestaltung: Atelier Heinrichs & Schütz, München
Gesamtherstellung: Ebner Ulm

ISBN 3-453-01626-2

Für Edith Clever

INHALT

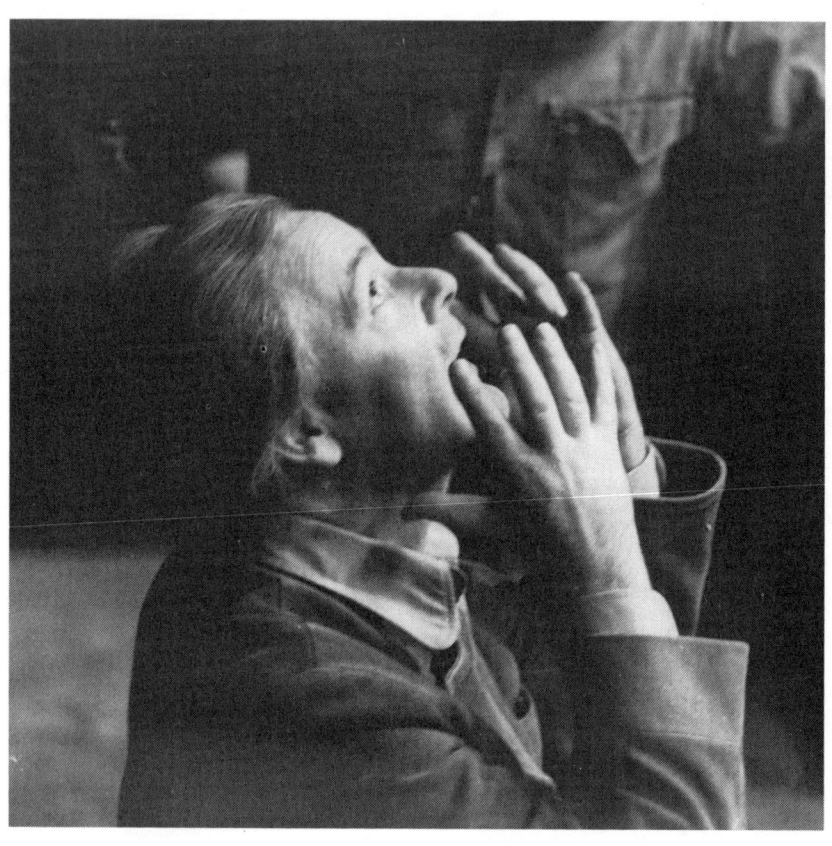

Die Musik macht hörbar, was unsagbar ist, aber es zerrinnt.
Und es gibt Bilder, die fixieren, halten fest, bewahren, was nicht
sichtbar ist, wenn es gelingt . . .

I. TEIL

Friedrich Nietzsche an Peter Gast, 21. Januar 1887:

»Zuletzt – neulich hörte ich zum ersten Male die Einleitung zum PARSIFAL (nämlich in Monte Carlo!) . . .

Ein sublimes und außerordentliches Gefühl, Erlebnis, Ereignis der Seele im Grunde der Musik . . . Von richtiger Strenge, von ›Höhe‹ im erschreckenden Sinne des Wortes, von einem Mitwissen und Durchschauen, das eine Seele wie mit Messern durchschneidet – und von Mitleiden mit dem, was da geschaut und gerichtet wird. Dergleichen gibt es bei Dante, sonst nicht. Ob je ein Maler einen so schwermütigen Blick der Liebe gemalt hat . . .«

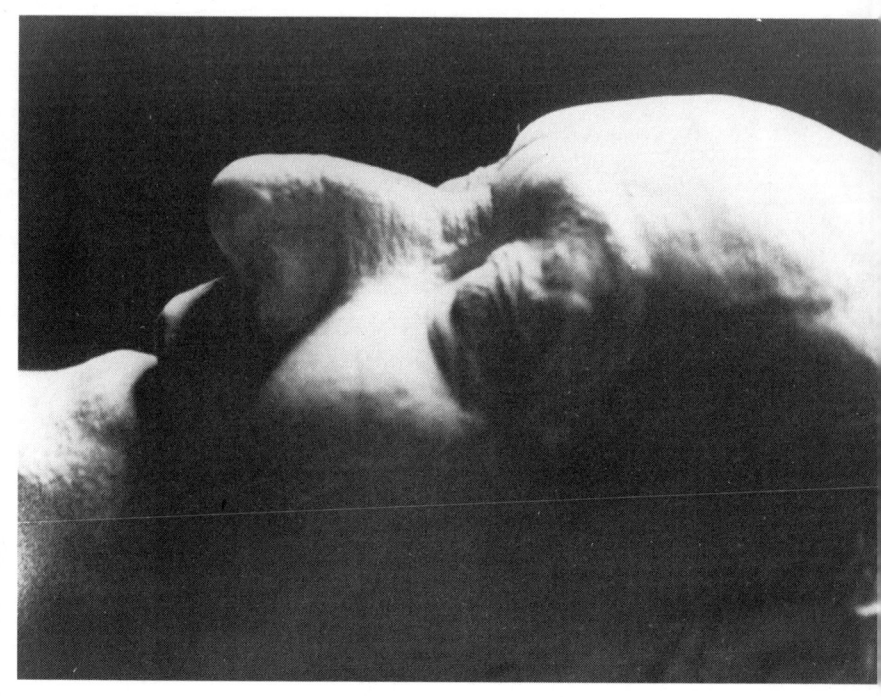

Richard Wagner Totenmaske Original, abgenommen am 14.
Februar 1883 in Venedig von Augusto Benvenuti. Vorbild zur
im Studio verwendeten Konstruktion. Aufgenommen in der
Bayreuther Richard-Wagner-Gedenkstätte Haus Wahnfried.

Das Gericht

1.

Der »Parsifal« von Richard Wagner ist sein Testament. Eine große Erlösungsvision als Erkenntnis aus Wahn und Irren steht am Ende seines Lebens und war benutzbar. Die Frau als Feind und Schuldige und sie als Sinnbild des ewigen Juden. Als Abenteuer der Geschichte und realen Welt, die es zu bestehen gilt.

Etwas Eschatologisches, die Endzeitwaage von Schuld und Sühne ist nicht zu übersehen. Utopische Insignien von Licht und heiligen und letzten Dingen werden uns mit auf die Gralssuche durch die europäische Kultur gegeben. Das ist mehr, als »Tristan und Isolde«, der »Ring« oder »Lohengrin« und »Tannhäuser« bieten konnten. In Israel ist der gesamte Richard Wagner verboten, obwohl der »Tannhäuser« es war, der als geheime Nationalhymne der zionistischen Gründungsfeier wie den Vätern Israels diente (Theodor Herzl beschreibt, wie er zum Gründungswerk Israels in Paris bei großer Not der Gedanken sich immer Hilfe holte in den Opern Richard Wagners), es war auch dieser »Parsifal«, von dem Hitler sagen konnte, er werde sich eine Religion daraus machen, und den er als Weihefeier zum Sieg nach dem glücklich beendeten Weltkrieg ausersehen hatte. Und es war »Parsifal«, den Nietzsche mit einigem Recht ausgesucht hatte für seine vernichtendsten Angriffe; dieser »Parsifal« sollte in Bayreuth bleiben, selbst Ludwigs Separatvorstellungen nicht ausgenommen, was einem

Aufführungsverbot gleichkam, von Eingeweihten des Hauses abgesehen.

Sich selbst als Welt sehend, die zu erlösen war mit dieser Geschichte und Musik, schuf sich Wagner sein Selbsterlösungswerk, so daß mit »Parsifal« und dessen Interpretation oder Realisierung nun Richard Wagner selbst zur Diskussion steht und wir mit ihm, die uns daran wagen, das zu organisieren und zuschauen und hören oder lesen. Wir selbst stehen immer mit vor Gericht in solch ernstem Spiel, das uns heilig ist, wenn es um die Essenz geht, von Kunst und Leben, die der Gral immer bedeutet. Es geht um Himmel und Hölle, gut oder schlecht, das Jüngste Gericht als Spiel, und das ist nicht ohne Gefahren.

2.

Nach dem Hitler-Film, jener Beschreibung des Untergangs eines Landes und einer Kultur, stellte sich die Frage, was danach darstellen mit Film: also wie? Nach dem, was nicht als Unterhaltung, Belehrung und Spiel gemacht war, wo ein Ernst gefordert war und gesucht und auch gefunden, der vieles in Zukunft ausschließt. Ein Fluch des Wissens war erreicht, der in der Mitte des Lebens tödlich sein kann für die Leichtigkeit und Unschuld der nächsten zu tuenden Dinge. In vielen Gesprächen und Diskussionen wurde das laut, die Selbstzweifel nicht zu vergessen. Als ich schließlich »Parsifal« sagte, von Richard Wagner, lachten die Boshaften meines Landes, sich keine Chance gebend, wieder, und dachten an einen germanischen Mythos natürlich aus der

Enge ihres Denkens und versuchten dreimal, mit verschiedenen Mitteln, das Projekt zu verhindern. Das kollektive Unterbewußtsein eines Landes arbeitet anders als durch Zensur und Kerker. Die anderen, die Freunde jenseits der Mauern unserer Grenzen, ahnten, daß dies ein Programm sei, und es ist's.

Parsifal als die zweigeteilte Idee der Erlösungswünsche und als Vereinigung des im Paradies verlorenen Ziels aller unserer Bewegungen, woher wir kommen. Die Utopie als Totengesellschaft nun, die Befreiung, am Ende der Mythos als Erinnerung, Mythos als Gedächtnis. Die Reise ins Innere wieder, die Welt nach ihrem Untergang.

Und alles in der strengsten Form, die es gibt, nach allen Freiheiten nicht Diener, nicht König sein, der Beherrscher oder Sklave der vorgegebenen Form, sondern meditative Besinnung aufs Wesentliche in einem vorgegebenen und gerne akzeptierten Rahmen dieser Kunstmöglichkeit, die wir Oper nennen. Dieser Mythos als Oper – Goethe wollte die Erfüllung seines »Faust« immer in der Oper sehen – und das, was die Welt uns entzieht, als Paradies und Erfüllung, realisiert in der Gegenwelt dieser strengsten Regeln der Kunst. Die Erlösung eines alten Traums in der Schaffung einer künstlichen Gegenwelt zu unserer Realität, nur für wen, wie, in dieser Zeit, wo Film und Oper alleine nicht helfen und der sogenannte Opernfilm keine Lösung ist?

Natürlich geht es auch hier um das bekannte Stichwort »Gesamtkunstwerk« und diesen Anspruch des Gesamtkunstwerks zu erfüllen, Stummfilm mit Musik, Melodrama in seinen höchsten Nöten und Triumphen, Oper, Film, Theater, Malerei, Architektur, Sprache, gesungene Kultur, Musik, Poesie und Drama, Mythos und Epik und Witz

Es mußte ein Ort gefunden werden, eine geistige Heimat. Kein Film, keine Oper und keine neue Ästhetik waren gefordert.

– alles zugleich war das Ziel. Das hätte es sein sollen. Wieweit es gelungen ist, wäre zu prüfen, und diese Prüfung ist unser und mein Gericht. Die verschiedenen Struktur-elemente, die die sonst anders organisierten und eher montierten Filme bestimmen, mußten diesmal so einge-arbeitet werden, daß eine Einheit entstand, die sich schwer auseinandernehmen läßt. Zum neuen Avantgarde-Charak-ter dieses Films gehört, zumindest gegenüber den vorigen, sein hermetischer Charakter, das Geschlossene des Systems. Daß es probiert werden durfte, daß die Konstella-tionen günstig waren wie nie zuvor durch Vorgeschichte, Zeitpunkt und die Zusammenfügung der Personen, wird sich erweisen. Es soll Kunst sein wie immer zum Triumph unserer Existenz in ihren schönsten Möglichkeiten, selbst in der Erinnerung bei unserem Untergang. Der Gegenstand ist Richard Wagner und die Wunde seines Herzens. Die Erzählung aber vom Erlösermythos seiner Sehnsucht, dar-gestellt an der utopischen Idee der Figur des Parsifal in verschiedenen Etappen der Seelenabenteuer, die wir auf dem Grunde dieser Musik erleben, wird ausgetragen in der ungeheuren Frauengestalt einer Kundry.

Der Anspruch Richard Wagners, seine Angst, das zu zeigen, der Schrecken vor der Realisation des »Parsifal« von Beginn an sprechen dafür, daß er hier vor Gericht steht seines Inneren und wir vor ihm, die wir uns anmaßen, daran zu rühren, wenn wir uns einlassen auf dieses Spiel, zu dem er aufgerufen. Am Ende der Welt steht das Gericht, hier wird es an einem geprobt durch uns und wir geprüft durch ihn. Kein neuer Essay und Diskussion um Schuld und Wert Richard Wagners und unser Anteil daran. Dafür die praktische Probe am Werk und deren Beschreibung. Unser Zeugnis ist das, um was es letztlich geht, seine letzte Erbschaft, die ihm heilig war, und nehmen wir es ernst in seiner Verwirklichung als einzig taugliches Maß seiner Existenz für uns.

3.

Eigentlich war dieser »Parsifal« geplant als Hintergrund-Projektion für den nächsten Film über Richard Wagner selbst mit dem Titel: Wie ein »Bühnenweihfestspiel« entsteht. Ein »Parsifal«, in den ich Richard Wagner stellen wollte wie vor zehn Jahren »Ludwig«, in die Dekorations-zeichnungen, Modelle und Welt der Wagnerschen Opern. Auch glaubte ich, daß es vielleicht leichter wäre, dafür in Deutschland Unterstützung und Geld zu bekommen. Wenn man schon Syberberg als Hitler-Autor und Regisseur seiner früheren Filme nicht will, so doch als Organisator einer hundertjährigen Wagner-Oper aus Anlaß des Jubiläums. Das war ein Irrtum, wie man weiß, und das Vorziehen gerade dieses Films, des »Parsifal«, jetzt ist sicher kein Zufall.

4.

Vielleicht ist es erlaubt, die persönliche Geschichte zu erzählen, der Anfang meines Kunstinteresses nach Fußball und Karl May. Die Oper stand als erstes Tor zu einem fanatischen Interesse an Kunst überhaupt. Danach erst kamen, in dieser Rangordnung der Interessen, Literatur

Bavaria-Studio München-Geiselgasteig – Architekt Werner
Achmann, Kosten ca. 130 000.– DM, Länge 15 m, Breite 9 m,
Höhe 4,50 m (Nase), 40 Tonnen Beton.

(»Faust« und Brecht) und Musik anderer Art, die Fotografie und daraus der Film und nun wieder die Oper, womit sich der Kreis schließt, und zwar in seiner reinsten Form.

Der Tonfilm suchte seinen ihm eigenen Ausweg aus der unvermeidlichen Oper im Boulevardfilm, es war das kitschige Melodram, in Deutschland die Filmschnulze, als Ersatz und Flucht vor der Oper, als jenes Endziel der Vereinigung abendländischer Darstellungsformen des Lebens in gesungener Musik.

Wenn ich mich jetzt wieder der Oper zuwende, so hat das seinen Grund. Am Anfang dieses Films stand die Überzeugung, daß die Filmsituation die eines Bankrotts ist, ästhetisch, ökonomisch, gesellschaftlich, nur mehr auf ein Randpublikum von Discogruppen spekulierend – man lese die Festivalberichte seit Jahren und aus aller Welt – und daß der Film eine neue Technik und Zuschauerbasis finden muß und wird neben Fernsehen und Kino. Dazu kommt die Überzeugung und das Faktum, daß in Deutschland gerade diese Situation am deutlichsten wird durch seine mittels Staatsförderung privilegierte Stellung in der Entwicklung eines pluralistischen modernen Funktionärsfilms, der stolz ist auf die sogenannten demokratischen Spielregeln seiner geldverteilenden Gremien, der bestenfalls im bürokratischen Filmakademismus erstickt, ohne Publikum und ohne ästhetisch geistige Erneuerung. Wie auch immer, als Symptom der Zeit interessant – für den aber, der darin zu arbeiten hat, ein Fluch, nur als Pflicht zu akzeptieren und mit äußerster Kraft an Disziplin und Gewissenhaftigkeit überhaupt durchzuhalten gegen alles das, was dagegen steht, und Pflicht heißt hier, wozu die Aufträge erteilt werden und das Geld gegeben wird. Noch nie haben so viele Leute Filme machen wollen und können wie heute und hier, und noch nie war die Vereinsamung des zusammenschrumpfenden Kinopublikums so groß wie jetzt, trotz aller Freiheit des Analphabetentums im Film- und Kinohandwerk. Es gab in der Geschichte des Kinos bisher keine größere Chance, abweichende Ideen, persönliche Eigenarten, individuelle Experimente durchzusetzen in dem neuen, revolutionierenden, ästhetischen Gebäude, das der jeweils neuen Zeit entspräche. Diese Chance, speziell in Deutschland, wo es möglich ist, einen Film ohne Marktzwang und Zensur herzustellen, wie es heißt, wurde bisher nicht genutzt.

In diesem Bewußtsein, in der Endphase eines sich abschließenden Kapitels der Filmentwicklung zu stehen, reiht sich dieser »Parsifal« ein als ein Abgesang, als ein Noch-Einmal und ein Stab-Weglegen des Zauberers mit allen Möglichkeiten der Darstellungen und Musik und was Film vermag.

Und am Anfang steht auch das Bewußtsein, daß eigentlich alles unmöglich ist. Oper ist als traditionsreiche Eigenform der europäischen Theatergeschichte – im Film vielleicht als Zitat verwendbar – umzufunktionieren, zu dokumentieren, aber so, daß Film als neue Kunstform eigener Art und die alte Kunst sich widersprechen müssen. Der in dieser Hochform einer Kultur singende Mensch im Rahmen einer erzählten Handlung, wie sie die Operngeschichte entwickelt hat, gehört auf die Bühne und nicht vor die Realismus fressenden Objektive einer Kamera oder etwa auf die Montagetische unserer Schneideräume.

Wenn es nun trotzdem versucht wurde, Film und Oper zusammenzubringen, mit allem Anspruch, den ein Film als eigene Kunstform stellt, von einem, der davon nichts herschenken will, und der vielleicht auch an der Entwick-

Separater Bau zum Kopf: Augensee für die Taufe Kundrys
(3. Akt), Auftritt Kundrys (1. Akt) – rechts Venedig-Fenster
(Sterbezimmer Richard Wagners 1883).

lung der Filmästhetik seinen eigenen Anteil hat, dann geht das nur, wenn die Figur Richard Wagners als Mittler herangezogen wird. Denn den Film als neue Kunstgattung interessiert der Autor und Mensch Richard Wagner mehr als die inzwischen festgefrorene Kunsttradition eines Opernwerks. Es galt, Richard Wagner als Ursprung gerade dieser Oper zu finden, die weniger Oper ist als andere, und die gewisse Zeremonien enthält, mehr allegorische Zeremonien der seelischen Musikalität aus dem Leben des Komponisten als andere, und die mit dem Weltgeschehen zu einem Mythos eigener Art in eine für seine Zeit revolutionierende Form gepreßt wurden. Das war zu finden und unaufdringlich zu aktivieren und auf eine Weise, wie es vielleicht nur der Film kann. Eine Möglichkeit, auch auf vielleicht alte Träume von Richard Wagner in Richtung antiker Formideen zu reagieren, so wie sie auf der Bühne unmöglich waren zu seiner Zeit und damit sogar, verwegen genug, den enttäuschten Nietzsche zu versöhnen? Es geht nicht als Film und ist doch nur als Film möglich – der Weg zur Antike? Der Film hilft Richard Wagner und Richard Wagner rettete so den Film? Richard Wagner selbst war es, dessen Ansprüchen die Bühne nie gerecht werden konnte, der am liebsten die Augen zumachen wollte und von einer schwarzen Unsichtbarkeit sprach wie vor dem unsichtbaren Orchester in Bayreuth, und der den »Parsifal« nur schrieb, weil er sich einen Tenor als Christus nicht vorstellen wollte. Und auch Wieland Wagner schielte nach Hollywood, das er sich als adäquate Lösung für einen heutigen Richard Wagner vorstellte. Der Film aber mußte vielleicht erst in seine heutige Krise kommen, um die Geduld zu haben und die nötige Demut, beides zusammenführen zu können.

5.

Damit waren die entscheidenden Aufgaben gestellt. Es
war klar, daß es hier nicht darum ging, Tricks des
Theaters technisch zu popularisieren. Also alle Erwartungen nach disneyartigen Verwirklichungen der
Wagnerschen Versuchungen von Verwandlung der
Wüste in Zaubergärten und umgekehrt, oder Tauben-
wunder und Schwanentod und einem Klingsor-Speer,
der in der Luft stehen bleibt über dem standhaften
Parsifal, mußten vermieden werden zugunsten immer
der anderen, der seelischen Lösung, um den Film seine
wirklichen Tugenden finden zu lassen: das heißt hier
Gesang spielen nahe der Musik, nahe an der Kamera mit
allen Möglichkeiten des Gesichts und der Bewegung,
und nahe an der Musik, das heißt synchron, ohne Aus-
flüchte in ironische Manierismen oder modische Provokation als sogenanntes Experiment.

Musik mußte inszeniert werden treu ihrem Geist, aber
frei in der Umdeutung in die technischen Möglichkeiten,
die jetzt erst geschehen konnten. Das alles klingt noch
etwas allgemein und könnte gelten auch für jede der
üblichen Operninszenierungen, bedeutet aber, ernstge-
nommen, neue Möglichkeiten. Zum Beispiel, wenn nicht
die von Richard Wagner vorgeschriebenen Orte für die
Bühne: Wald, See, Gralstempel, Gebirge, Aue usw. verwendet werden sollten, dann mußte ein neuer Ort etabliert
werden. Aber nicht real und nicht das Studio wie im Hitler-
Film. Und so lieh ich mir vom eigenen, folgenden Film
über Richard Wagner, der im Sterbezimmer Venedigs, in
seinem Kopf, der Totenmaske, entstehen sollte, diese Idee
der Totenmaske aus. So wie die erste Idee dafür von der

Projektion dieser Totenmaske am Anfang des zweiten Teils im Hitler-Film gekommen sein mag, die damals die letzte Stufe der Reise zu Hitler wurde. Die Realität dieses Films wurde ein Abenteuer im Kopf, eine Vision, mehr Bewegung als statisch. Kein Film, keine Oper im üblichen Stil, keine neue Ästhetik waren gefordert: Ästhetik im Sinne eines Films vor zehn Jahren.

Wir mußten den Geist dieser Musik zugrunde legen, und da half die Erkenntnis, daß sie ein Mythos der Selbsterlösung war. Und da das Ego dieses Komponisten die Welt ist, konnte getrost in ihm die Welt dieser Oper angesiedelt werden, dargestellt mit allem Spielcharakter, den es braucht, im Verstecken, Öffnen, mit Ambivalenzen, Sackgassen und Überraschungen. Die oft beklagte und belächelte und gefürchtete Egomanie des Komponisten voraussetzend und sie auf diese Weise ernst nehmend, deren Ich das Zentrum der Welt ist, konnte ein Spiel gewagt werden, wie es nur die Kunst vermag, wie es nur ihr erlaubt ist und wo es nur eine Diktatur gibt, die der unbegrenzten und gnadenlosen Qualität, die sie uns abverlangt, abtrotzt – und zuerst immer dem, der sie herstellt, und seinem Leben und seinem Wesen.

Die Etablierung eines solchen Ortes als Zentrum der akustischen und optischen Verbindungslinien und daher gedanklichen Assoziationen heißt, eine geistige Heimat zu schaffen, auf die man sich mit dem Zuschauer auf die Dauer des gemeinsamen Spiels einläßt. Es mußte ein Ort gefunden werden, von dem alles ausgeht und wohin alles zurückkommt. Diese Abenteuer sind die der Phantasie, und Träume dieser Art sind die der Imagination. Nur diese nichtreale Existenz braucht eine Dimension dieser Welt als Zentrum der Ruhe für die Vision und Projektionen dieser

Spielregeln. Es hat lange gedauert, mindestens drei Wochen von den sieben Drehwochen dieses Films, bis dieser Raum als Heimat der Imagination gefunden war. Nun, nach der Realisierung, in der Analyse kann man sagen, daß der 1. Akt dieses »Parsifal« das Labyrinthartige des in vierzehn Teile zerlegten Kopfes von Richard Wagner benutzt, daß der 2. Akt mit dem Klingsor-Turm auf der Stirn beginnt, sich fortsetzt in verschiedenen Schluchten des Zentrums dieses Kopfes und übergeht in einen geschlossenen Kopf-Raum des Kammerspiels für den Verführungsversuch von Kundry, und daß der 3. Akt bestimmt wird von einem großen Landschaftspanorama auf dem Kopf und Operntableaus am Ende.

Nur jemand, der die Projektionsausflüge eines Hitler-Films seit seinem Ludwig-Requiem erarbeitet und durchgemacht hatte, konnte sich mit allem Weltanspruch des Avantgarde-Risikos in die vier Wände dieser Kopf-Landschaft zurückziehen, und er wußte, was er tat hiermit. Aber alle diese Mauern und Schächte des Kopfes wurden auch hier immer wieder durchbrochen von der Projektion, von den visionsartigen Projektionen unserer gedanklichen Ausflüge in die Welt der Erinnerung an die Geschichte. Speziell diese Konstellation für die Spielräume unserer Phantasie bedeutete größtmögliche Entfernung in unseren Gedanken mit Zitaten und Projektionen und einer größtmöglichen Künstlichkeit bei gleichzeitigem Bewußtsein, wo wir sind und immer wieder sein werden, nämlich im Gedankengebäude der Welt Richard Wagners. Persönliche Individualgeschichte und Kulturgeschichte konnten so zu einem neuen Bildkosmos der Musik angelegt werden, wie dies der Film auf seine Weise entwickelt hat.

Richard Wagners Irrtum, sein Bayreuth von einem

Hollywood träumen zu lassen, mußte ihn fast notwendig in die Arme des Cineasten Hitler führen und zu Nietzsches Zorn. Das mußte korrigiert werden. Die Frage ist: war das ein Irrtum? Den aufzuhellen und in richtige Lösungen zu führen, war die vornehmste Aufgabe, um die es hier ging. Doch auch der Preis ist hoch, wir sehen heute unseren Abgrund wie noch nie.

6.

Da Geld- und Ideengeschichte oft identisch sind, sich kreuzen oder parallel in langer Verbindung laufen, oder eines aus dem anderen sich erklären läßt – nicht nur um ironischer Effekte willen –, liegt die Entstehung der langen Einstellungen dieses Films als Stilkennzeichen äußerer Art und deren ökonomischer Vorteil nahe beieinander. Das uns aufgegebene Tagespensum mußte bei 8 Minuten liegen, um beim gegebenen Budget von etwas über 3 Millionen DM in 35 Drehtagen die mehr als 4 Stunden Zeit zu bewältigen. (Drehpensum bei einem normalen Spielfilm ca. 2 Minuten pro Tag ohne Synchronitätsprobleme usw.)

Da aber der Aufbau und das Einleuchten für kurze Sekundeneinstellungen unverhältnismäßig viel mehr Zeit braucht, aneinandergereiht zu 8 Minuten, als längere Einstellungen (bis zu 8 Minuten) trotz ihrer Komplikationen, überlegte ich eine Zusammenfassung ursprünglich verschiedener Einstellungsideen in eine. Dadurch entstanden lange Sequenzen mit bewegter Kamera. Und da ich entdeckte, daß Igor Luther, unser Kameramann, und sein Team gern bereit waren, selbst komplizierteste Projektionswechsel mit Ein- und Ausblenden und Fahrten zur eingespielten Musik zu kombinieren, stellten wir unsere anfänglichen, in Vorbesprechungen entwickelten Pläne um auf diesen neuen Rhythmus. Das gab den Bildern, dem langsamen Fließen der Musik entsprechend, einen eigenen Ausdruck. In langsamen Bewegungen von Personen, Köpfen, Gesichtern, Kamera und Licht ist die Regiearbeit dieses Films zu suchen, alles andere ist mehr und das über die Regie hinausgehende, der Film. Diese langen Kamerafahrten, von nahen Details ausgehend um sich bewegende Menschen herum oder ihnen folgend und in die Totale sich entfernend, selbst mit Life-Projektionen aus der Fahrt des Krans, waren also möglich. Dazu kam das neue Kontrollsystem der Videokamera, das mir erlaubte, jede Phase am Monitor zu verfolgen, so daß wir nach jeder Aufnahme wußten, was die Kamera auch in der Mitte der Einstellung erfaßt hatte. Früher konnte bei langen Fahrten dieser Art, mit komplizierten Wendungen und Schwenks und Zu- und Wegfahrten, der Regisseur nur Anfang und Ende der Einstellung sicher kontrollieren, alles Dazwischenliegende wurde bei den Mustervorführungen am nächsten Tag zur Überraschung. Diese komplizierten Bewegungen der Kamera bis 9 Minuten Länge sparten aber nicht nur Geld und Zeit, sie kamen auch der Musik Richard Wagners in ihren fortlaufenden Bewegungen einer »unendlichen Melodie« entgegen und vermieden Schnitte, die das Rhythmische dieser Musik auf penetrante Weise betont hätten. Die langsamen Fahrten der Kamera schafften auch, bei kluger Überlegung, Distanz auf besondere Weise durch stille Bewegung im Sinne eines Kontrasts oder der Unterstützung entsprechend dem Fluß der Musik mit Abstandnehmen oder größerer Annäherung an Details.

Das Abstandnehmen oder Annähern an das Interesse unseres Blickes kann zwar durch einen Schnitt schneller geschehen, wird aber im langsamen Rhythmus der Kameraentfernung oder -annäherung stillere Erkenntnisvorgänge ermöglichen.

Fehlt die Zeit der Entfernung oder Annäherung von einem Punkt an den andern, von einer Person an eine andere, so muß das Detail oder das Ganze zugunsten dieser Bewegung geopfert werden. Großaufnahmen, mit schnellem Schnitt ins Bild gebracht, wirken eher gewaltsam und sind nach geschäftstüchtiger und gewaltsamer Entwicklung der Kinogeschichte so lästig wie billig im Dienste einer Aufgabe, wo lange und langsame Erkenntnisbewegungen am Ende einer Annäherung und Entfernung von Personen und Dingen und Räumen sein sollen und können. Das setzt Disziplin und Verantwortung höher als die Provokation des schnellen, überraschenden Schnitts. Diese Kamerabewegung ist auch den gewünschten, langsam sich entwickelnden Assoziationsketten dienlich, die dem System der musikalischen Leitmotive dieser Musik entsprechen und ein Gewebe optischer und akustischer Verknüpfungen schaffen.

Das verlangt vom Kamerateam nicht nur handwerkliche Präzision, sondern bedeutet oft auch Verlust der Allgegenwärtigkeit jener herumspringenden Kameraeinstellungen nach allen Seiten und Entfernungen, an denen wir uns satt gesehen. Kamerabewegungen also nicht als manieristischer Effekt oder interpretatorische Selbstverwirklichungsabsichten, sondern als Erkenntnisweg der Gedanken, wie sie entstehen in der Ruhe und Geduld von Distanzierung und Annäherung in geraden oder gewundenen Bewegungslinien, die diese Technik ermöglicht,

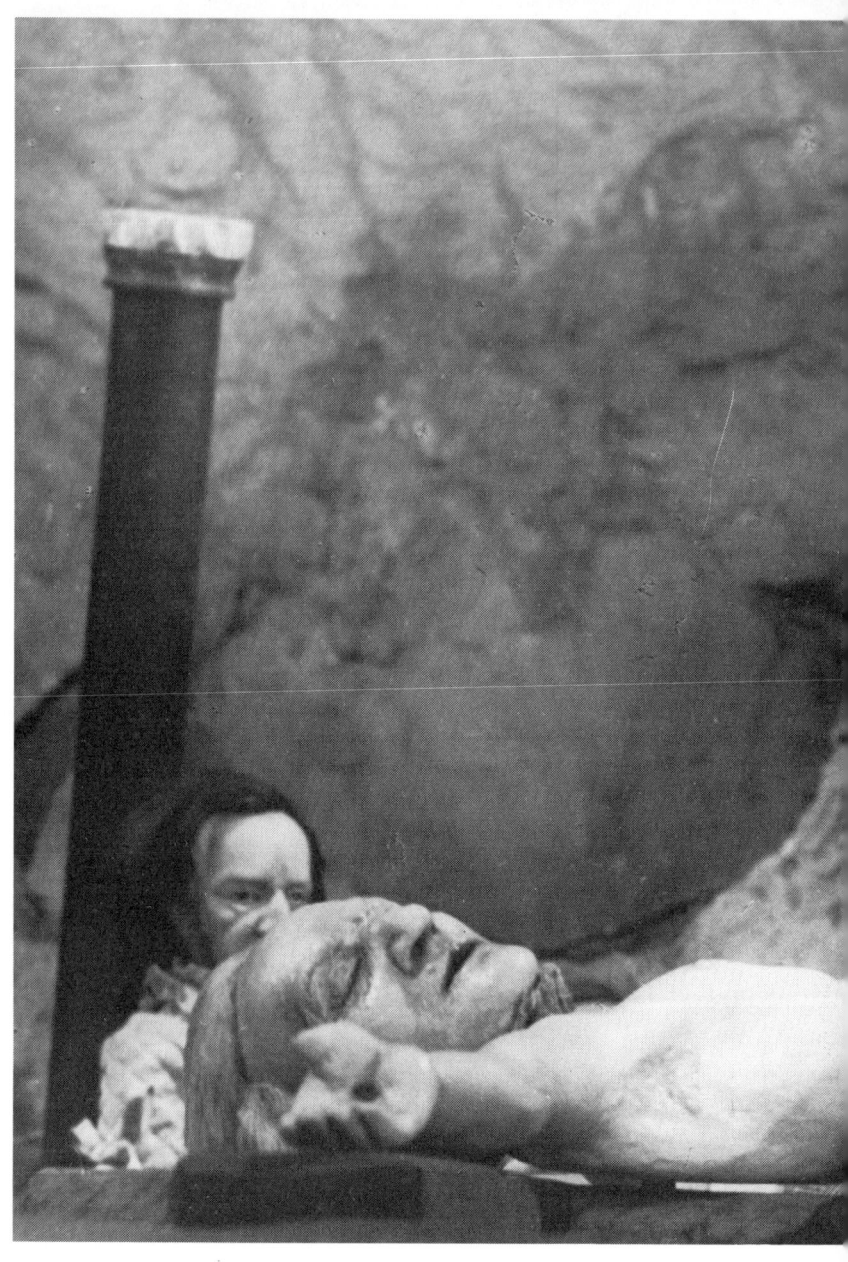

Richard Wagner am Kreuz. (Puppen: Buchwald + Stummer.)

indem aus optischen und akustischen Kontrastierungen oder Analogien ein Drittes entsteht: die Erfüllung der eigenen Phantasie geistiger Art, aus der Sinnlichkeit und Bewegung in Bildern und Musik.

Manche Fotos von den Dreharbeiten zeigen verschiedene Positionen, Ausschnitte derselben Szene. Nichtrealisiertes, Verlorenes. Sie gehören zum Film als Apokryphes, Anhang, oft mehr als wertvolle Ergänzung, Material zu dem, was der Film einzig im Interesse des Davor und Danach realisieren durfte. Auch sie gehören zum Film.

7.

Zur Situation.

Auf der einen Seite die Konvention der Opernverfilmungen Ponelle, Karajan, Götz Friedrich oder Loseys »Don Giovanni« (ohne Chance durch die Entscheidung für Außenaufnahmen), und Bergmans »Zauberflöte« (zum beliebten Familienfilm gewordenes Wunderwerk der Elemente) etc. Abgesehen von der verdienstvollen und nützlichen Fernsehdokumentierung und -übertragung aus den Opernhäusern, wie zum Beispiel das Festhalten des Cheréauschen »Rings« aus Bayreuth. Es ist das Prinzip der Übernahme des Theaterdenkens und -systems auf den Film. Das entspricht der konventionellen Situation des Films als Boulevardtheater für die Massen, wie seit Erfindung des Tonfilms der Schnitt, Gegenschnitt, Verfolgungsjagden, Dialogregie, sog. Personenführung und Trickpassagen.

Auf der anderen Seite die Experimente in der Art von

Carmelo Bene, Werner Schroeter usw., die asynchrone Kommentierung der Opernstimme durch freakartige Darsteller und manierierte Kamerabewegungen, ursprünglich der revolutionäre Gestus eines Experiments, herkommend aus schwierigen Geldsituationen, angefangen auf 8 mm, wo Synchronität auf lange Strecken schwierig war. Was als Experiment begann, verkam allmählich zur Konvention eines Untergrundmodernismus, die ästhetische Revolutionsgeste zur spießigen Routine der Fans. So kann man den Untergang der Welt zwar beweisen, aber nicht darstellen. Die deutschen Künstler nachhitlerischer Zeit versuchen zunehmend mangelnde Demut und bestenfalls melancholische Welteinsicht zu verdecken durch die selbstbehauptenden Aggressionsschreie der monströsen Freaks im berechtigten Existenzkampf ihrer Not.

Wenn ich mich in vorigen Filmen auf Opernmusik einließ, dann so, daß ich Musikteile des »Rings« und anderer Wagner-Opern zum Beispiel zur Montage des Ludwig-Films benutzte, um sie im Sinne einer Umfunktionierung einem neuen Inhalt und Sinn so zugänglich zu machen, daß ein Neues, Drittes entstehen konnte. »Ludwig« wurde eine Opernfigur, wie er immer wollte, und der Film zur Musik. Der Liebestod der Isolde wurde zum Ludwig-Tod mit allen Konsequenzen, die das für diesen einsamen letzten König und Jungfräulichen seiner legendären Unseligkeit bedeutet.

Der Auftritt Karl Mays und des Rumba tanzenden Hitlers im Ludwig-Film wird eingeführt durch das Lohengrinmotiv usw. Die Parsifalsmusik steht am Anfang und Ende des Hitler-Films, der auch immer auf Gralssuche ist in pervertiertester Weise, als Kontrast zum traurigen Mittelteil seiner Durchführung.

Vor den Musikaufnahmen zu »Parsifal« in Monte Carlo gab es lange Diskussionen, was das bedeute, die Stimmen der Sänger und die Körper der Schauspieler vor der Kamera. Überlegungen der Brechtschen Verfremdung lagen nahe als Prüfung und Trennung von Stimme und Körper usw. Seit der intensiven Beschäftigung mit diesem Problem während der Musikaufnahmen und der Arbeit im Detail in Monte Carlo ergab sich eine neue Situation: die Einsicht, daß die Kamera am Wort und Kopf des Menschen bleiben müßte, der die Worte singend präsentiert. Keine Rückblenden also in die langen Monologe zur Vorgeschichte der Oper, nicht durch Schauspieler, Sänger oder etwa geplante Puppenszenen. Keine Teilung von Musik und Darsteller, statt Experiment heiliger Ernst der Musik, strenge Klassizität. Richard Wagner ernst nehmen, erfüllen, das bedeutete Anstrengung für die Darsteller und die Regie, dienen, einem anderen und darin sich selbst, Risiko, für die Darsteller am größten, die sich den Pausen und dem Sprachgestus der vorgegebenen Musikschiene anpassen mußten. Je größer die eigene Qualität um so schwieriger die Abgabe der eigenen Freiheit, im Dienste an einer anderen.

Bis Monte Carlo war beabsichtigt, alle Rollen mit Schauspielern statt Sängern zu besetzen. Aber Gagenforderungen bis in Höhe derjenigen der Regie (drei Jahre Vorarbeit) und seltsamste Zumutungen zu Richard Wagner und Absagen aus Gründen von Bühnenverpflichtungen (wieder waren wir abhängig von den Brosamen vom Tisch der Theaterbürokratie) führten zur Änderung des Konzepts. Lange Überlegungen auch mit Edith Clever, die am Ort war, um Yvonne Minton und die Musik zu studieren. Wir besetzten die Rollen des Gurnemanz und des Klingsor mit den Sängern und Amfortas mit dem Dirigenten selbst. Die ins Vertrauen dieser Möglichkeit Gezogenen reagierten sofort bereitwillig, trotz großer Terminschwierigkeiten und damit verbundenen täglichen Flügen in alle Richtungen, und sagten zu zum Preis der Kalkulation ohne entwürdigendes Feilschen und dumme Diskussionen über Wagner. Nach Monte Carlo blieben allein die Rollen des Parsifal wie immer beabsichtigt besetzt durch die beiden Laiendarsteller und die Rolle der Kundry durch eine Schauspielerin.

Das Wunder von Monte Carlo war besondere Intensität und Schlichtheit vom Orchester bis zum Dirigenten, aller beteiligten Solisten, die bereit waren, ihre Stimme herzugeben für etwas, das ihnen selbst noch unheimlich sein mußte.

Es gab mehrere Zurücknahmen während der Vorbereitungsphasen gegenüber ursprünglichen Ideen, wie sie noch in den Drehbüchern, in den Drehbuchentwürfen ablesbar sind. Einmal diejenige der oben beschriebenen Art, in der Art der Besetzung, dann durch das größere Gewicht, das die Bedeutung des Wagner-Kopfes während der Bauphasen erhielt, und mehr und mehr die Zurücknahme der ursprünglichen Projektionsabsichten zugunsten einfacherer Lösungen. Dieser »Parsifal« mußte aus dem Stadium des »Interessanten eines Experiments in die Dimension der Notwendigkeit und jener Wahrheit kommen, die Unermeßlichkeit, Würde und klassische Dichte« erfüllen (Susan Sontag), so daß auch diese Arbeit versuchen wird, bis an die Grenze des jeweils Möglichen zu kommen. So wie Richard Wagner durch Musik den Text nicht illustrierte, sondern in eine eigentliche Seelendramatik umsetzte, so durfte das Bild diese Musik nicht untermalen, sich angleichen oder anbiedern, und so kann es nicht heißen, Richard Wagner nur zu dienen, sondern fortzusetzen mit unseren Mitteln.

Aber das Eigene, das diese Oper gleichermaßen zum Werk des Filmautors wie zu dem des Komponisten macht, muß an etwas anderem liegen. Das bedeutete die Prüfung der bisherigen ästhetischen Regeln, soweit erarbeitet, und deren Umwandlung für den besonderen Fall. Diese technischen Fähigkeiten und Disziplinierung der Recherchen und Phantasien im Rahmen des Budgets und mit dem Aufwand der möglichen Zuneigung und Liebe galt es optisch so zu mobilisieren, daß sie den akustischen Anforderungen der Musik auf gleichem Niveau entsprächen in der ganzen Totalität der Wagnerschen Möglichkeiten. Und es hieß, die Darsteller einzubauen in dieses Universum der äußersten Exaltation der Existenz im Dienste der gesungenen Sprache, des Gesangs als Seele des Wortes, als glanzvolle Konfrontation zur Realität mit allem Recht zum Widerstand gegen diese Alltagswirklichkeit, die im Sinne dieser Musik zu überhöhen und mit aller Leidenschaft dem Sujet entsprechend – wie immer, und hier auf besondere Weise – zu besiegen war. Das Ganze im Sinn der Sehnsucht nach den letzten Dingen als Tragödie, welche die Komödie gleich miteinschließt.

Wie kann man diese Konstruktion des Wagnerkopfes nach seiner Totenmaske als utopische Heimat des Weihefestspiels »Parsifal« anders verstehen als ein Satyrspiel, und das von einem, der eine Trilogie gemacht hat, die abschloß mit einem siebenstündigen Hitler-Film, der mit dem großen Wort des Grals in drei Sprachen anfing und endete.

8.

Die ersten Videoaufnahmen zeigten, was möglich war. Die beiden Parsifals, ob männlich oder weiblich, ordnen sich gleichermaßen zum Fluß der Musik ein. Warum? Und in dieser Qualität der technischen Synchronität, ohne Problem offenbar für den Zuhörer? Die Stimme von Rainer Goldberg erhält eine neue Dimension, die Gesichter ergänzen sich auf erstaunliche Weise, so daß es schwerfällt, zu beurteilen, welches der beiden besser geeignet wäre zu demselben Text. Sie sangen beide für diese Probe den gesamten Parsifal-Text.

Ob Richard Wagner nicht seine Freude an einem weiblichen Bild des androgynen Parsifals gehabt hätte? Hatte er nicht anläßlich eines weiblichen Romeos von Wilhelmine Schröder-Devrient diese Idee gelobt und von den Tenören als Stöpseln auf der Bühne gesprochen?

In diesen Videoaufnahmen lagen meine Experimente, stillschweigend beschlossene Erkenntnisse über Dinge, die möglich sind und welche nicht.

Und noch etwas. Die Videobänder von den Proben Edith Clevers sind von einer erstaunlichen Reinheit der geistigen und körperlichen Präsenz. Die Videogeräte liefen bei den Synchronproben in Großaufnahme mit, zur Probenkontrolle, und später im Studio fiel es schwer, an ihren beiden ersten Drehtagen (Klingsor/Kundry-Szene) diese Dimension wieder herzustellen. Im Gegenteil, meine Verzweiflung war groß, da weder die teure Studiokamera und das große Team, noch das Licht, noch Schauspieler und Regisseur mit allem Aufwand in der Lage waren, dieses Resultat wieder zu erreichen.

Ich machte abends Fotos vom Monitor weg und

beschloß, mit Großaufnahmen im Studio einen Teil der bisherigen Filmaufnahmen zu wiederholen. Ich zeigte Igor Luther und Edith Clever die Bilder, unmöglich, es wird immer anders. Die elektronische Videotechnik ist etwas anderes als Filmmaterial; Lichtauflösung und Situation ist für Schauspieler und Team und Regie trotz Monolog-Situation (»Schlafen, Wahnsinn«) nicht die gleiche. Man müßte Probe spielen, aber das ist nicht gewollt. Der Raum verändert trotz gleicher Musik die Bilder und Aktionen. Es galt, das zu erkennen, zu akzeptieren und daraus Folgerungen für eine andere und neue und bessere Dimension zu gewinnen.

Studio, das besondere Licht, vierzig Personen Hilfe und beste Absichten von uns allen. Spätere Vergleiche von Teilen aus dem großen Verführungsdialog Kundry/Parsifal auf Video und Film lassen den Gewinn bei der Studioversion dann unbestreitbar erkennen, auch für die Schauspieler in vergleichbaren Großaufnahmen, also ohne Effekte von Kostüm oder sonstigen Aufwand.

Nur ein Nachteil bleibt: Auf der Videoaufnahme sind die schönsten Passagen oft die der Ruhe, des Zuhörens, der Anspannung vor dem Einsatz des gesungenen Worts, die Teile, in denen während der Probe der Partner singt, der dann im Studio im fertigen Film zu sehen sein wird, statt des stummen Zuhörers. Da wir uns aber entschlossen hatten, wenig mit Überlappungen zu arbeiten, nämlich den Singenden möglichst immer zu zeigen, wenn er dran ist, verlieren wir in dieser Form des Richard Wagner dienenden Films diese mir liebgewordene große optische Möglichkeit zugunsten jener angestrebten Klassizität der Strenge und des uns wichtigen Ernstes der Sache. Also möglichst wenig Regie und schauspielerische Extras oder

Egomanien des schönen Bildes, oder privater Vorlieben. Das hieß auch Vorsicht bei Aufprojektionen anderer Welten und Zutaten der Regie. In einem Film zum gleichen Thema ohne den Zwang der uns selbst auferlegten Musikstrenge zu dieser akustischen Vorlage wären die gewünschten filmischen Möglichkeiten nach freier Wahl und Lust zugänglich.

Besondere Möglichkeiten gab es dort, wo keine Textsynchronität das eigene Tempo des Spiels einschränkte. Bei Kundry zum Beispiel in der Anfang- und Schlußsequenz mit der Gralskugel der Blick, oder ihr Blick zu Amfortas und Gurnemanz im 1. Akt vor dem Auftritt des Parsifal in den blutigen Nebelschwaden zum Schwanentod. In der Klingsorszene ihre langsame Bewegung zum Kuß der Maske Richard Wagners und im 3. Akt während der über zwanzigminütigen Aue. Hierher auch gehört die Bewegung der Figur des Glaubens in der Mitte des 1. Aktes, die Vorspiele und Gänge zum Gral. Diese besondere Variante der Regie erlaubt manchmal die Möglichkeit, in stumme Szenen hineinsprechen zu können. Es ist auch hier, wie wenn man die Schauspieler oder Techniker auf jenen Leitstrahl der eigenen Absichten setzt. So war es möglich, intensiv und klar und langsam in der Szene mit der Glaskugel am Anfang und Ende des Films die Augen- und Kopfbewegungen der Kundry genau zu leiten oder die Gralsträgerin bei den Aufnahmen mit der Gralsprojektion auf das Folienkleid einzuweisen, langsam und bestimmt, sowie die Kamerabewegung, Projektionen, Ein- und Ausblenden und Lichtfolgen während des Vorspiels im 3. Akt. Und die Kamera zu führen während der Titeluntergrundaufnahmen mit den Postkarten, da bei Großaufnahmen durch die Kamera nicht gut zu sehen ist, welche nächsten Möglichkeiten sich links oder rechts, oben oder unten bieten. Diese Arbeitsweise oder Regie, oder wie immer man das nennen will, ist nur möglich in großer Ruhe und im Vertrauen auf allen Seiten; und ist mir vertraut seit meinem ersten langen Dokumentarfilm über die Fritz-Kortner-Proben zu »Kabale und Liebe« von ursprünglich 16 Stunden Länge mit oft zehnminütigen Einstellungen.

Wichtig ist größtmögliche Strenge und langsame Zeitlupenbewegungen. – Der Film und die einmal und so akzeptierte Musik verlangten ihr Gesetz, nach dem wir angetreten und auf das wir uns eingelassen und geeinigt hatten, bewußt oder unbewußt. Was wir als Experiment begonnen, mußte scheitern. Der »Parsifal« begann zu gelingen als Klassizität, eine neugewonnene. Der story-board-artige Charakter der Filme »Ludwig« und »Hitler« begann sich hier zu dem eines Ölbilds zu verändern.

9.

Der Kampf um diesen Film und seine Realisierung war größer als je. Ein »Parsifal« in Deutschland von diesem Autor mußte auf Schwierigkeiten stoßen. Fünf staatliche oder halbstaatliche Gremien mit ca. 60 Personen des sogenannten öffentlichen Lebens hatten Einsicht. Die Ablehnung des Innenministeriums geschah durch zwei Kommissionen mit insgesamt 24 Mitgliedern, Fachkräfte, wie der Erlaß des Innenministers vorschreibt.

Die erste Kommission tagte nach dem Hitler-Film und befand, keinen neuen Film dieses Autors, welchen auch immer, zu finanzieren. Die zweite Kommission beschloß nach Vorlage des Parsifal-Projekts und Einsicht in die Pläne der Regie, so wie nach Vorlage von hundert Bildern zum Bildteil des Films das gleiche Nein.

Das Ergebnis ist repräsentativ im pluralistisch-demokratischen Sinne (nach »Hitler« 1978: Dr. Gerd Albrecht, Filmberater der Evangelischen Kirche Deutschlands; Dr. H. Borgelt, Journalist, *Süddeutsche Zeitung*; Dr. Wolf Donner, Leiter der Berliner Filmfestspiele, vorher *Zeit* nachher *Spiegel*; F. Everschor, *ZDF*, Filmredakteur; Dr. R. Lange, *Hannoversche Allgemeine Zeitung*; Klaus Jäger, Kommunales Kino, Düsseldorf; G. Rötemeyer, *ARD*; Dr. H. Schlinker, Kinobesitzer; Bernhard Wicki, Schauspieler; Dr. St. Wolff, Mediensachverständiger aus dem Institut für Film und Bild im Unterricht. Drehbuch-Kommission 1980 zur Parsifalvorlage: Volker Baer, *Tagesspiegel*; Dagmar Hirtz, Cutterin; Dr. R. Jacob, Deutscher Bundestag; Urs Jenny, *Spiegel*; Dr. Kusche, *ZDF*; E. Luft, *ZDF*; Dr. Martini Glotz, SPD, Bundestag; H. G. Pflaum, *Süddeutsche Zeitung*, usw.; E. Reitze, Filmjournalistin; H. Richartz, W. Ruf, Festspielleiter Oberhausen, früher *Süddeutsche Zeitung*, L. Schünemann, Kinobesitzer, Gabriele Wohmann, Schriftstellerin).

Diese Entscheidungen sind kein Zufall, wenn auch anonym, das heißt ohne Verantwortung des einzelnen abgegeben, zu verantworten als Teil dieser demokratischen Zensur, wenn es darum geht, einen »Parsifal« von Richard Wagner als Film dieses Autors zu machen.

Das Interesse der führenden Filmfinanzgremien der deutschen Filmwirtschaft (FFA), der Bayerischen Regierung (LfA) und der Fernsehkommission der ARD war nicht selbstverständlich und nur mit Mühe und letztem

Glück zu erreichen, da die ihnen vorgeschriebenen ökonomischen Absichten, bei diesem Film mit für sie vorwiegend kulturellen Aufgaben, nur teilweise zu befriedigen waren. Die Finanzierung der deutschen Filme geschieht außer eben jener des Innenministers, aus öffentlicher Hand, immer als Wirtschaftsförderung und steht unter dem Druck einer quasi ökonomischen Zensur. Nicht etwa, daß die Kollegenfilme größere ökonomische Erfolge hätten oder sonst irgendwie erwähnenswerter wären, aber sie spielen in der Weise mit, daß sie vorgeben, jene Demokratie an der Kasse dieser Kulturindustrie und die Richtigkeit eines Produkts oder einer Meinung durch den Konsum der Mehrheit beweisen zu wollen, ganz nach den Regeln der Zeit, was trotz lächerlichster Gegenbeweise ökonomischer und geistiger Erfolglosigkeit freudig honoriert wird. Daß ein Film wie dieser, und speziell ein »Parsifal«, auf dieser lebenserhaltenden Lüge unserer Zeit nicht aufbauen konnte, war die erste Schwierigkeit, die sich stellte.

10.

Das Nein aus Bayreuth unter der Vorgabe, die Sänger wollten nicht zustimmen, und zwar ungefragt, was nahezu alle existierenden Plattenaufnahmen für diesen Film blockierte, entspricht der Verweigerungssituation aus Bonn, wie Bayreuth immer mit den jeweils Regierenden der Zeit einig war.
Um nichts unversucht zu lassen, prüften wir auch das in Bayreuth gerne bekundete Wagnerinteresse unserer Wirt-

schaft. BMW wollte den Film zwar in seinen Räumen gerne zur Werbung der Firma aufführen, aber von der Produktion nichts wissen, trotz großen und gern proklamierten Kulturetats. Mercedes erklärte, Film sei prinzipiell für Kulturförderung des Hauses nicht geeignet, und Peter von Siemens als Miteigentümer der Deutschen Grammophon war nicht imstande oder willens, zwischen Bayreuth und dieser Produktion zu vermitteln, als »Parsifal« zur Disposition stand, bevor die Franzosen rettend eingriffen.

Lange überlegte ich eine illustrierte Buchausgabe anstelle des Films. Es war eine Situation ohne Geld und Musik. Dieser Parsifal-Film schien »gestorben«, und nur Trotz und Pflicht trieben mich weiter. Die aus dieser Situation rettende französische Coproduktion, die unter anderem nun den musikalischen Teil des Films lieferte, war fast eine Woche vor Drehbeginn an der bürokratischen Coproduktionsauflage gescheitert, wonach dem französischen Partner, wenn nicht die Titelrolle, so doch vielleicht die weibliche Hauptrolle, also Kundry, oder Gurnemanz als längster männlicher Part, zugestanden hätte. Und da selbst die uns auferlegten fünf Blumenmädchen aus Frankreich nicht akzeptabel waren, weil die unseren seit mehreren Wochen drei Stunden täglich an der Synchronität arbeiteten, war es nahezu ein Wunder an Einsicht in den französischen Institutionen, nach langen Kämpfen, daß auch hier ein zweites Mal das Unternehmen doch noch gerettet wurde. Was hier in einem simplen Satz abschließend einfach steht, kostete Energien, mit denen man fast den Film schon hätte drehen können.

Man denke allein an die bürokratischen Auflagen und Vorstellungen, ein so aufgezwungener französischer Assistent, den der Regisseur vorher nie gesehen hatte, wäre nützlich oder akzeptabel, wenn man ihn eine Woche vor Drehbeginn einstellte. So hätte sein Vertrag dagegen das doppelte der wirklichen Helfer dieses Films an Kosten bedeutet, mit Reisekosten und täglichen Spesen für Hotel und Verpflegung, so wie die einzige uns nun aus Frankreich aufgenötigte Mitarbeiterin zweimal soviel kostete wie ein deutscher Maskenbildner.

11.

Der tägliche Kampf um das Gelingen war charakterisiert von Zeitnot, bedingt durch das Budget für über vier Stunden Oper – wochenlange Synchronproben für Schauspieler und Laien eingeschlossen – das entspricht dem Budget eines 90-Minuten-Films und bedingt durch eine gewisse technische und geistige Hilflosigkeit des Filmhandwerks gegenüber diesen speziellen Anforderungen von Richard Wagner und Regisseur, da ein eingespieltes Team, wie in Theatern selbstverständlich, nicht erzogen war.

Der Widerstand der Materie, wie ich das gerne nenne, mußte täglich überwunden werden, die Entscheidungen schnell geschehen. Wozu ein Theaterregisseur, und nicht nur an einem Brecht- oder Wagner-Theater, mehrere Tage und Wochen brauchen darf, das mußte hier in Minuten geregelt werden. Jede Vorstellung, über drei Jahre der Vorbereitung im Kopf – Skizzen und Drehbücher und in langen Diskussionen mit den engsten Mitarbeitern von Assistent bis Kameramann Entstandenes – kam so am Morgen des jeweiligen Drehtages in die Wechselbäder der

Realisierung und mußte oft durch gewisse neue Entdek-
kungen oder Unmöglichkeiten der Realität geändert werden, von Grund auf und das in wenigen Sekunden-Ent-
scheidungen – denn vierzig Leute warteten auf Anweisungen.

So entstand ein Organismus mit Details aus Vorigem
bedingt und mit leitmotivischen Folgen für Späteres, auch
gegen alle früheren Vorstellungen; so kam ich oft morgens
aus schlafloser Nacht ins Studio, nicht wissend, auf welche
Weise der kommende Tag dies alles verändern würde,
vollgepackt mit vielen Zetteln und Alternativvorschlägen,
und kam abends zurück mit zunächst sehr überraschenden
und konträr erscheinenden Lösungen, die sich aber insgesamt und später durchaus als gar nicht so weit entfernt – im
Gegenteil – und lange vorbereitet dem Ursprünglichen
nahe erwiesen.

Trotz dieser schnellen Entschlüsse gegen den Rhythmus
des eher meditierenden Arbeitens, muß sich die Qualität
darin beweisen, wie weit die gerade hier geforderte Tiefe
der endgültig getroffenen Entscheidungen erreicht wird in
der Art der Vielschichtigkeit aller gewählten Möglichkeiten. Oft war ich gezwungen, die dritte der probierten und
aufgenommenen Einstellungen zu akzeptieren – wir machten im Durchschnitt drei bis vier –, obwohl die gerade
nächste wahrscheinlich die bessere und richtigste gewesen
wäre, die aber aus Gründen des Zeitmangels nicht mehr
hat realisiert werden können. Denn jede Wiederholung
kostet im Durchschnitt eine halbe Stunde Zeit oder mehr,
mit Lichtveränderungen, Diskussionen und Verbesserun-
gen, Abbrüchen, usw. Es war so zu entscheiden tränenden
Auges, diesen Film zu Ende zu bringen oder nur in Teilen
mit dem Höchstmaß von Detailqualität durch Wiederho-

lungen. Mehr und mehr mußte ich erfahren, wie die Phantasie aus der Kombinationsfähigkeit von verschiedenen Realitäten entsteht, Realitäten von Materie und Geistigem, von Zitiertem und Kombinationen aus Beobachtungen am Ort. Der Widerstand der Materie erweist sich so als fruchtbarer Katalysator der Realisierung mit viel Opfern zur Filterung des am Ende Entstandenen. Diese Art der Phantasie ist abhängig zutiefst von der Realität, die verschiedene Ebenen kombiniert, nämlich das Gelesene, Gehörte, Gesehene, Geschichte und Alltag. Eine seltsame Vereinigung von Zufall und Vision, die zur Gesetzmäßigkeit werden müssen. Erschreckend auch zu sehen, wie schnell die so entstehende Welt vorher nicht existierender Bilder in die Realität der übrigen Welt aufgenommen und verschluckt wird als Selbstverständlichkeit einer Realität des Alltags, der schon wieder hungrig ist nach neuem Futter an Phantasie als Widerstand gegen eben diese gefräßige Alltagsrealität und Gewohnheit.

Und zur sogenannten Regie meiner Arbeit gehört die ziemliche Brutalität der Entscheidung gegen mich selber. Am Anfang jeden Tages oder jeden größeren Komplexes muß oft gegen langjährige Überlegungen so entschieden werden, daß die vielen anderen Varianten ausgeschlossen und trotzdem alle Ambivalenzen des Lebens in Dingen, Tönen und Personen erhalten bleiben. Viele der schönsten Möglichkeiten werden ausgelöscht mit einem Wort, mit einer schnellen Entscheidung getötet in einem System, dessen Zeitrahmen und Dramaturgie von anderem bestimmt wurden. Das ist in diesem Fall der besondere Umstand des relativ bescheidenen Budgets und die alles bestimmende Figur Richard Wagners. Die in den französischen Drehberichten beschriebene Ruhe und Konzentration während der Arbeit im Studio ist die Frucht jener Überlegung, daß das Team ein Recht hat auf eine grundlegende Freundlichkeit, die die Meditation als Ursprungsquell zur Entstehung dieser Filme braucht. Alle Furcht und Nervosität ist privat. Auch hier gibt der Videomonitor neuerdings Möglichkeiten, unabhängig von der Maschinerie, Team und Kamera sich zu separieren und zu konzentrieren, wie der Autor am Schreibtisch, mit der Chance, alles zu sehen und zu hören, was immer im Raume vorgeht.

Und anders als in den Gepflogenheiten der Regiekollegen gehört zu dieser Arbeitsweise, daß man während der sogenannten Bau- und Beleuchtungsphasen den Raum von morgens bis abends nicht verläßt, um nötige Einfälle, die eventuell jahrelange Überlegungen in Frage stellen, aus diesen Alltagsrealitäten zu gewinnen, aus eben den Bedingungen und Widerständen auch der Materie, die vorher keine Phantasie zu erfinden vermag. Immer aber gilt das Gesetz, daß jedes Detail, jede einzelne Entscheidung immer gemessen werden muß an der Gesamtkonzeption, die alle Zufälle einbaut und Fehler, denn zuviel davon würden in einem System dieser Art mehr als Qualitätsverminderung einzelner Szenen bedeuten. Sie würden die sorgfältig kalkulierte Ordnung eines solchen Universums zerstören.

Das sieht aus nach Selbstverständlichkeiten und Üblichem, und ist es durchaus nicht. Erinnerungen an das Kind, das sich damals schon unterschied durch die Erziehung in einem streng geregelten Tagesablauf von allen Spielgewohnheiten der Freunde, das beim Essen saß wie »ein Kind bei Tisch, stumm wie ein Fisch«, das aufessen mußte, was auf dem Teller lag; der Studierende, der gegen seine Natur sich zwang, die Universität mit allen

Abschlußprüfungen des Doktorats zu beenden, der brave Preuße, tapfer nun auch in der Erfüllung der übernommenen Pflicht, hier im Studio den Film zu Ende zu bringen, und gut, das heißt: zu Ende auch ohne finanzielle Überziehung. Gegen mich und meine Detailbesessenheit, aber im Sinne dieses größeren Detailzusammenhangs im Ganzen dann als System.

Und auch das ist der Unterschied von Anfang an. Hier drei Jahre Vorbereitung: über 4000 Dias, selbst aufgenommen, ein Arsenal von historischen Puppen angefertigt, Modelle, montierte Bildvorlagen nach besonderen Zitaten aus der Geschichte und Kultur Europas und Bauten ganz besonderer Art, sind das Ergebnis, was alles noch gar nichts über die Qualität und Tiefe des Erreichten aussagt, aber über die Unterscheidung zum eben Üblichen, und was hier oft mit je einer entscheidenden Brutalität dann weggeworfen wird zugunsten des leitmotivischen Zusammenhangs, der nur zustande kommt durch Vollendung und Beendigung des Ganzen.

Eine Phantasie meiner Art ist nicht erfinderischer Natur, sie ist nicht begabt zu zeichnen, auch nur Noten zu lesen, als Darsteller aufzutreten und Gedichte zu schreiben, Dichter zu sein im traditionellen Sinne. Das Eigene liegt in der Kombinationsfähigkeit von Vorgefundenem zu etwas Drittem, Optisch-Akustischem, vielleicht zu Riechendem, Tastendem, Schmeckendem.

Der suchtartige und manische Sammel-, Recherchier- und Informationstrieb mündet in einen Abgrund des Vergessens von Namen, Gesichtern, Worten, Bildern und Tönen überhaupt. Aber dies Vergessen ist auch Voraussetzung und Basis der meditativen Erinnerung. Alles im Dienste des Neuen, das nun entsteht, gefiltert durch die eigene Person und das eigene Leben. Das Ganze wieder und noch einmal kontrolliert in der letzten Instanz, durch Zutaten angereichert oder umgestellt und geschmälert, am Schneidetisch, was alles zusammen nun erst den Film ausmacht. So wäre ich ohne Erfindung des Films nichts, und allenfalls ein Interpret von Theater- und großer Musiktradition unserer Kulturdenkmäler der Vergangenheit für die heutige Zeit oder im Dienste anderer Autoren und Techniken, oder ohne die besondere Konstellation meiner bisherigen Existenz ein Filmregisseur wie selbstverständlich und üblich.

Eine Regie dieser Art, wenn man sie überhaupt so bezeichnen darf, wird nicht verstanden als Selbstinterpretation in den modischen Quälereien der Selbstverwirklichung, die sich fremder Personen, Texte und Geschichten, überhaupt der Kultur bedient zur gnadenlosen und schamlosen Ausbeutung im Stil unserer mediokren Zeit. Nicht gemeint sind hier unter sogenannten Regieanweisungen und Diskussionen willkürliche oder anbiedernde Übungen in vulgärer Psychologie oder Flucht in die Tagesideologie. Personen und Handlungen werden nicht erklärt als Folgen ihrer kleinsten und primitivsten zufälligsten Alltagsmöglichkeiten, wo nichts eingebettet ist in einen großen Zwang der Ereignisse aus alten Gesetzen in ihrer jeweils besonderen und neuesten Situation unserer Geschichte und den menschlichen Bedingungen unserer Natur, da das Ergebnis eitel und zufällig werden muß, abhängig vom Beifall der jeweiligen Aktualität.

Diese Regie ist neben einigen handwerklichen Fertigkeiten und Konventionen eher eine geistige Einweisung zur sinnlichen Vergegenwärtigung einer in großer Ruhe und Geduld bis zur Demut vorbereiteten Vision im Dienste einer Gegenwelt als Kontrast zu unserer gegenwärtigen realen, wirklichen der Tagespolitik, als die einzig mögliche und realisierbare Utopie, wenigstens für die kurze Dauer des uns zugänglichen Glücks eben dieser Art. Von dieser Arbeit gilt vielleicht ähnliches, was Orchestermusiker über Dirigenten sagen: Es sei mehr die Anwesenheit als die konkrete Anweisung oder Diskussion, mehr die besondere und bestimmende Gegenwart einer motivierenden Kraft, die alle in eine bestimmte und konzentrierte Richtung weist, was zu tun ist, wie es am Ende aussieht oder zu hören sein wird. Das beharrliche Insistieren auf eine mehr geahnte als schon fertige und bewußte Lösung, die am Ende bei Gelingen immer so selbstverständlich und einfach aussieht, die aber im Zustand der Entstehung jener konzentriertesten Freundlichkeiten bedarf, im Dienste jenes Risikos, des Alles oder Nichts.

Deswegen kann es auch vorkommen in diesem besonderen Falle, daß gerade die wichtigen Schauspieler im entscheidenden Moment sich allein gelassen und auf sich gestellt fühlen mögen, weil man selbst mit harmlos erscheinenden stummen Zutaten wie z. B. Requisiten oder mit Lichtproblemen und sonstiger Technik zu tun hat, deren scheinbare Nebensächlichkeit oder Assoziationswert alles zu unterstützen oder zu zerstören vermag und die deshalb der Aufmerksamkeit gerade dessen bedürfen, der am Ende allein für sie zuständig ist. Und es kann passieren, daß in der Hoffnung auf die Basis langer Vorbesprechungen gerade wichtige Schauspieler verwöhnt sind und diese besondere Zuwendung nun im entscheidenden Moment vor der Kamera entbehrend sich einsam fühlen, zumal dieser Regisseur nicht aus langer Regieassistenten-Routine hervorgegangen ist, der beobachtend und nachdenkend nach kurzem Treffen mit Brecht und einigen Erfahrungen bei Fritz Kortner als Dilettant eher zu bezeichnen wäre, denn als einer jener unter den Profis des sogenannten professionellen Films, der nun bankrott geht und die hier sicher diese Situation durch übliche »Schauspielerführung« routinemäßig lösen. So ist diese Regie nichts anderes als Organisieren und Dirigieren der divergierenden und notwendigen Teile, als Stimmen und Instrumente zusammenzubringen, über deren Gesamtqualität nicht zuletzt jene Steigerung entscheidet, zu der jedes einzelne Teil in seinem innigsten Zusammenhang mit allen anderen gebracht werden konnte, immer im Rahmen des geforderten Ernstes der eigentlichen Idee, wofür wir leben und wie. Da jede künstlerische Interpretation unserer Welt notwendig auch Selbstdarstellung ist, wird es darauf ankommen, wie groß das Selbst ist und welchen Zielen diese Arbeit verpflichtet ist, wie sie ihnen dient und bereit ist, dem Leben zu widerstehen oder es fortzusetzen nach eigenen Gesetzen.

Die besondere Aufgabe, eine Oper als Film darzustellen, bedurfte genauer Überlegungen, was eigentlich wir da tun und was wir nicht dürfen und was das eigentlich ist, diese äußerste Exaltation der Sinne von Bewegung und Stimme im ruhigen Fluß der Bilder. Und es ergaben sich mehr und mehr Paradoxien. Die Bewegungen sind dem Stummfilm oft näher als der nachfolgenden Tonfilmperiode des Boulevardfilms. Und doch ist gerade dieser Film anders als jeder andere Film voller Töne, so sehr, daß er die Dimensionen der Filmästhetik zu sprengen geeignet ist. Die Musik als der tönende Geist dieser Welt, der Gesang als die Seele der Worte und die Gesichter als Masken, die diese Musik enthüllen, ein tönender Reflex der Bildassoziationen im Kopf des Zuschauers.

Edith Clever + Yvonne Minton

»Sisters in Crime« Monte Carlo, Sommer 1981

Die Entscheidung, Kundry in diesem Film von einer Schauspielerin spielen zu lassen und gerade von dieser, auch nachdem wir ihre Sängerin, Yvonne Minton, als Darstellerin uns gut vorstellen konnten, ist nicht nur als Treue zum bestehenden Angebot an Edith Clever, die Schauspielerin, zu verstehen, oder als Eitelkeit gegenüber einmal gefaßten Überlegungen. Auch bedeutet die Entscheidung, daß Edith Clever die Stimme von Yvonne Minton wortwörtlich verkörpern soll, etwas anderes als die Entscheidungen etwa, Parsifal oder Amfortas und andere Personen von Laien oder dem Dirigenten vor der Kamera spielen zu lassen. Amfortas, dargestellt vom Dirigenten, da Amfortas nach der Konzeption dieses Films Richard Wagner am nächsten ist, wie der Dirigent der Musik, und Parsifal aus den bekannten Gründen der Zweiteilung. Darum war es auch möglich, Gurnemanz und Klingsor mit den für die Rollen idealen Sängerpersönlichkeiten zu besetzen, doch sie in ihrer Einheit von Sänger und Darsteller zu belassen.

Kundry aber in Körper und Stimme zu teilen, muß zu tun gehabt haben mit meinem Versuch, diese von einem einzigen Menschen undarstellbare Komplexität so aufzuteilen, daß nicht wie bei der Figur des Parsifal Mann und Frau sich zur Idee des paradiesischen Menschen ergänzen, sondern die Erscheinung der Person in sich selbst zu trennen, und das nicht auf psychologische Weise. Was Richard Wagner zusammentat, die Zusammenlegung von Gut und Böse, von Verführung und Erlöserin, von Verfluchter und Gralsdienerin, ergibt eine Verschmelzung jenes Risses in der Welt, den darzustellen von einer Person kaum möglich ist, wenn sie als Singende konzipiert ist, und den zu verkörpern die textsprechende Schauspielerin wohl kaum in der Lage ist ohne Hilfe der Musik. Es ist dieser unlösbare Riß in die Figur einer Frau gelegt mit Hilfe einer Musik, die sie belastet und erhebend trägt; ein Riß, der geht von Liebe bis Tragik; ein Riß, verbunden in einer Person, das Durchtönende eines Menschen in Gestalt einer Frau, der in der vollen Größe seines Entwurfes vielleicht nur möglich ist in der Art jenes Vorschlags, an den Kleist dachte, als er die Seele der Bewegungen darzustellen versuchte mit Hilfe der mechanischen Bewegungen der Puppe und einer dazu gesprochenen Stimme, was ihm auf den Weg zur Hintertür des Paradieses geholfen hat, die Totalität ihres Anspruchs auf Sehnsucht zu ermöglichen.

Der Film aber besitzt die Möglichkeiten – wie nie zuvor auf dem Theater der darstellenden Kunst – zu der Großaufnahme des Gesichts. Das Gesicht ist das des Schauspielers, und der Ton des Sängers kommt vom technischen Band. Das ist die Umkehrung des antiken Maskentheaters, wo die Stimme die des gegenwärtigen Schauspielers ist und die Maske im Technischen Vorsatz. Es war uns klar, daß wir nie die Sängerin spielen sollten, die das singt. Daß wir, wenn es gelingt, bestenfalls versuchen mußten, die Musik zu demonstrieren, den Gesang zu spielen. Eine Animation findet statt, eine Beseelung der Welt durch die Musik und eine Beseelung der Musik durch die Materie unserer Bewegungsabsichten, von Gesichtern und Dingen um uns. Das Gesicht, speziell in der Großaufnahme, ist fähig – und eben nur im Film –, diese Animation auf menschlichste Weise uns nahezubringen. Das Gesicht ist die Maske, die die Musik enthüllt. Und die Musik ist das einigende Muster, das die disparaten Bildteile der darstellenden Personen verschiedener Herkunft einigt. Das Ohr sieht und das Auge hört diese Lösung einer sich einigenden

Welt hinein in die so verschiedenen Darstellerköpfe von Laien, Sängern, Schauspielern und Dirigenten, die plötzlich trotz verschiedener Herkunft verschmelzen zu einer Utopie der Einheit von Bildern und Tönen im kurzen Moment der Wahrheit, in der Verbindung von Liebe und Tragik, in einigender Lust, wie Wagner im Leben es als nicht zu vereinbarende Bestandteile des Alltags mit seinen letzten Worten aufs Papier schrieb.

14.

Noch etwas mußte gelöst werden. Schon zu Anfang des Projektes »Parsifal« war mir aufgefallen, daß hier Richard Wagner das Problem der Frau und des ewigen Juden verknüpfte als sich steigernde Form lockender Verführung und ewigen Fluchs des Bösen, was wie so vieles nie gespielt wurde. Warum wohl hat es Richard Wagner so geschaudert, als er zum erstenmal an diesen Parsifal dachte? Dadurch, daß Parsifal in seinem zweiten Teil eine Frau wird, ist das Problem aus der langen Tradition – hier böse Frau, dort erlösender Mann – gelöst. Es geht aber um eine Idee von Erlösung, die auch und gerade durch eine Frau geschehen kann und muß, um ihren besseren Teil. Übertragen auf das jüdische Problem, ist es nicht der Jude, als Schreckensmotiv und Mythos des christlichen Fluchs, der einen Erlöser braucht zur Reinigung, sondern diese Entwicklung geschieht nun aus sich selbst bis zum Ende der Welt. Und das ist nicht mehr Rassismus, sondern geistige Entwicklung aus jedem von uns, wenn wir bereit sind dazu. Diese Dinge sind wahrscheinlich nur möglich zu erfassen und darzustellen für einen, der einen Hitler-Film gemacht, der in Abgründe gesehen hat, wie sie sonst in dieser Realität nicht vorstellbar sind.

Da aber nach einem solchen »Hitler« alles möglich war und zur Verfügung stand, alle Freiheiten der Technik des Produktionsstudios, quasi die Welt zur Verfügung stand, jedes Zitat, jede Raffinesse, jede Variante des Denkbaren durch technischen wie gedanklichen Apparat, waren Bezirke durchschritten, daß nichts mehr übrig blieb, und so mußten eine neue Form und Welt und Basis und Phantasieebenen gefunden werden, die diese Antwort ermöglichten.

Ein neues Risiko war nötig und wurde gefunden, wie selbst in dem Hitler-Film, wo wir bis an die Grenze des dabei Darstellbaren gingen, nicht gedacht: Diese äußerste Beseelung unserer Wünsche und Überhöhungen der Liebe und Tragik, und alles in einem Satyrspiel des Untergangs als Preis der Erkenntnis, wie es nur die Kunst in höchster Vereinigung aller ihrer möglichen Teile in heutiger Technik vermag.

Der irdische Liebestod von Tristan und Isolde fand und findet im »Parsifal« seine höchste Sublimierung in einer Weisheit, die jene irdische Verschmelzung fortsetzt in eine hohe Liebe unserer heiligsten Sehn-Süchte.

Der Eros der Tränen. Die Komödie in der äußersten Exaltation der Trauer aus der Liebe. Eine Komödie, die die Tragödie der Welt einschließt. Das Absolute aber liegt in der unfaßbaren Spannung der zueinander oder auseinander strebenden und explodierenden Pole von Gut und Böse, Schuld und Erlösung, Mann und Frau, Liebe und Tragik, darstellbar nur in dem Wahnsinn ihre Unmöglichkeit als Augenblick der Kunstrealität.

Der Gral, die letzten Dinge jeder Zeit stehen zur Disposition, der Preis ist hoch.

15.

Am Anfang der Beschreibung und der Notizen zur Produktion dieses Filmes steht auch die Frage: Wie entsteht Kunst? Das, was wir hören, sehen, lesen, denken, wann, wie und wo? Es ist die Frage, »was die Welt im Innersten zusammenhält«, denn Welten entstehen nochmals als Gegenwelt. Eine Frage, die der Wissenschaft, Religion, Philosophie nicht unbekannt ist. Und wer dies ergründete oder untersucht, ihm nahekommt, weiß noch mehr über das andere, über sich, und zwar viel, über das, was die anderen Gottes Schöpfung nennen, als Spiegelbild im kleinen Tautropfen der Phantasie, unserer Tränen, der Trauer. Die Notizen, wie sie fortlaufend geführt wurden im Studio und auf den Fahrten dahin und zurück, und abends zu Hause, werden nicht befragt. Nicht die Details und Repetitionen dieser Art. Dafür jetzt, während des Schneidens von Anfang Januar bis Februar, die Reise der frischen Erinnerungen in ein noch ungeordnetes Land wacher Vergangenheit.

16.

Der mir gewohnte Weg, der zu den Filmen und einzelnen Abschnitten der Bilder und Töne führte, war bisher eigentlich immer Recherche, daraus Texte dazu, aus dem Reservoir der recherchierten Umfelder, Bilder und Zuordnungen oft seltsamer und aktivierender Art und dann Töne wie Musik und andere, so daß ein Gewebe von musikalischer Struktur entstand aus Bildern und Tönen. Hier nun, im Falle dieses »Parsifal«, gab es zuerst die Töne, dazu waren die Bilder zu finden, auch der Text war fremd und vorgegeben. Und das war neu. Alles aber vergleichbar mit der dienenden Tätigkeit an den porträtierenden Dokumentationen von Winifred Wagner oder Fritz Kortner bei der Probenarbeit, und also hier einem Großporträt, ein Monumentalbild Richard Wagners? Und des besonderen abendländischen Triebes nach Selbsterkenntnis, nach dem Mythos der Gralssuche? Alle Figuren in und um seinen Kopf und Musik dazu. Das Dokument einer Kultur in Film und auch von uns? Und waren es nicht, so gesehen, die Filme von Ludwig, Karl May und Hitler auch? Große porträtierende Monologe, eher Epen oder dramatische Gesänge einer Zeit und gegen sie und weniger Geschichtenerzählung als seelische Mythen, auch von uns?

Dieses meditative Arbeiten, ungeeignet für ein wartendes, teures und nervöses Filmteam ohne längere Gewöhnung aneinander, wie dieses wiederum gefährlich für diese eher nach innen gerichtete Arbeit selbst, wird im Studio auf die existenzbedrohende Probe gestellt, wenn es zum Ausgangspunkt und Zentrum der Phantasie wurde. So wird alles darauf ankommen, wieviel man retten kann im Chaos dieser gewünschten Gemeinschaft, und wie sehr man bereit ist, sich neuen Realitäten auszusetzen. Die Qualität des zu erreichenden Kunstprodukts wird bestimmt werden, wie sehr es gelingt, den provozierten Zufall der intuitiven Realität nicht durch enge und starre Systeme der Recherchen und Ästhetik zu erdrücken, und wie weit es gelingt, das lange Überlegte und als richtig Erkannte nicht durch Zufall und intuitive Momente zu gefährden, wie es jedes neue Gesicht und Wort und Argument und diese neu hinzukommenden Alltagsprobleme bedeuten. Im Gegenteil – es wird darauf ankommen, wie weit wir bereit sind und offen, die gegensätzlichen Prinzipien von imaginativer Meditation und augenblicklicher Intuition der Realität auf produktive Weise zu verbinden und endgültig für immer, wie es der Film dann ist am Ende.

II. TEIL

Nach dem Hitler-Film (1977) erklärte ich, daß ich danach am liebsten eine Komödie machen wolle oder einen Liebesfilm, am besten beides in einem. Dieser ›Parsifal‹ ist nun das Ergebnis.

»Tiefe Nacht.
Wahnsinn.
Oh Wut –
Ach Jammer
Schlaf, Schlaf,
Tiefer Schlaf, Tod . . .«

Der Mythos der Erinnerungen als Wahn-Sinn des Augenblicks

1. AKT

1.

Wie anfangen?

Vor dem Vorspiel dieses »Parsifal«, zu dem selbst Nietzsche seine großen Worte wiedergefunden hatte für Richard Wagner, aus dem Schwarz des Anfangs und Endes also, kommt als Zitat des 2. Akts die Stimme der Kundry:

> »Ach, ach
> Tiefe Nacht
> Wahnsinn
> O Wut
> Ach Jammer
> Schlaf, Schlaf
> Tiefer Schlaf
> Tod!«

Diese seltsam gestöhnten Laute einer noch unbekannten Person zu kaum hörbarem Orchester über dem langsam aufgeblendeten Bild der Kundry als Seherin, mit weit aufgerissenen Augen, weit in die Kamera und durch sie hindurch schauend ins Nichts, alles enthaltend. Die Frau als Seherin am Uranfang über der dunklen Kugel, deren Inhalt sich später enthüllen wird. Und der Schwenk ins Schwarze wieder in die Bilder unseres Untergangs, darüber der Titel des Films beginnt. Die Titel also über dem Meer der Bilder unseres Unterganges, d. h. die auf Postkartengröße geschrumpften Montagebilder der untergegangenen Welt nach dem letzten Zusammenbruch, Krieg oder Selbstzerstörung, wie auch immer: Im Wassersud und Nebelschwarz, vor dem Blick dieser Kundry mit aufgerissenen Augen, aus dem Dunkel der Aufblende, des Schwarzen kommend und tief gesenkt über die im Finsteren verborgene Kugel, aus der später der Irrgarten, das Labyrinth erkennbar werden wird mit dem Baum in der Mitte, wie Erinnerungen aus dem späteren Stöhnen und den Schreien der Kundry und über Schlafensqual und Todesfluch, von Sehnsucht begleitet, langsam anschwellend die Töne der Gralsglocken zu den Bildern unseres Endes, von Dresden 1945 bis Sankt Peter im wüsten Land, dem ruinösen Versailles und den untergegangenen Autobahnen aus Deutschland und der Freiheitsstatue mit Chéreaus Walkürefelsen, im Meer vor New York untergegangen.

Und dazu die Orchesterproben zu »Parsifal«, langsam sich entwickelnd, andere Erinnerungen mit tastenden Anfängen, stillen Anweisungen und Wiederholungen vom 1. Akt des Grals bis zum Oboenthema der paradiesischen Aue, und aus diesem akustisch wie optisch aufsteigend das erste wirkliche Bild des Films unserer sich ordnenden Erinnerung zum Vorspiel: die Ruine des Gralstempels von 1882 aus dem Meer des Untergangs – und der Film beginnt.

Dieser »Parsifal«, hundert Jahre jetzt nach seiner Uraufführung 1882. Das Vorspiel zu »Parsifal«, wie eine Erinnerung an einen musikalischen Torso am Ende der Welt. Dies Vorspiel, das Nietzsche mit einem schwermütigen Blick der Liebe verglich, nun als Film, wofür Nietzsche einen Dante der Malerei forderte? Das Gralsthema »aus höchster Höhe«, wofür Wagner von Judith Gautier Stoffe und Parfums eintauschte aus Paris – als Beginn!

Am Anfang dieses Films steht das Durchbrechen eines Tabus, das Inszenieren von Musik, das eigentlich Unmögliche für jemanden, der in seinem Ludwig-Film sich noch scheute, sich der Parsifal-Musik überhaupt zu nähern oder zu bedienen, und der in seinem Hitler-Film am Anfang und Ende das »Parsifal«-Vorspiel zur Montage der pervertierten Gralsvision zwar verwendete, aber eben zur Montage nur, wo Bilder und Töne, in diesem Falle die Musik des »Parsifal«, verwendet wurden, um ein Drittes zu erzeugen im Kopf des Zuschauers. Verboten war jede Illustration, das Bebildern von Musik. Und nun gleich in medias res, also nicht Stimmungsbilder zur stimmigen Musik, sondern Geschichte, vorangestellte Geschichte von Parsifal und Gral, wie Gurnemanz und Kundry sie in den späteren Monologen immer wieder beschwören. Erinnerungen an die Kindheit unserer Kultur und Mythen, des Parsifal, Verführungslegenden oder die Leidensgeschichte des Amfortas und die Legende um den Speer, den es zu suchen gilt.

Am Anfang also und im selbst Nietzsche heiligen Vorspiel ganz prosaisch die wichtige Vorgeschichte, Nachtrag aus den mittelalterlichen Epen, die Geschichte der Mutter Herzeleide und des kleinen Parsifal als vorangestelltes Déjà vu mit den drei Rittern, die ihn von der Mutter fortlocken, damit diese sterben kann, als Schuldfluch seines Lebens in der Erinnerung und Werkzeug zur Erlösung der Kundry als Mutter des Parsifal selbst.

Die Mutter wird von Kundry selbst dargestellt als einer ihrer Inkarnationen. Herzeleide in einer Projektionslandschaft, in der ein Haus mit großem Baum in seiner Mitte auf einer Bühne steht und ein Schwanenteich den Platz des

Zuschauers einnimmt. Nach- und umgebildet der Hundinghütte Ludwigs II. zu Richard Wagners »Walküre«. Die drei Ritter sind die zwei Darsteller der beiden Parsifals und eine dritte Person, die später den Glauben und die Gralsträgerin im 1. Akt spielen wird. Die Mutter sehen wir dann auch als Tote, auf ihrem Sarg ein Buch, in dem wir die Gralsgesellschaft sitzen sehen am großen Tisch des Artus, dem Abendmahl nachgebildet nach unseren alten Geschichten. Sie, als Herzeleide, verliert den kleinen Parsifal und gewinnt dafür die Geschichte, Opferung des Sohns, des Liebsten, für die Kunst? Bei Richard Wagner wird alles später in Rückblenden erzählt, hier in vorgeblendeten Puppenszenen für den kleinen Parsifal, der nun aufgebrochen ist zum Abenteuer unseres Mythos in Musik, bis daraus der zweigeteilte Parsifal wird über den Leidensweg des Richard Wagner in den Karikaturen seines Lebens als Puppen, der Nasenlandschaft jenes Kopfes und in deren Architektur, die später zur Aue des 3. Akts werden wird, schemenhaft noch, als Ziel des Folgenden. Und wir sehen, wie Kindheitsbilder den kleinen Parsifal vor den bekannten Bildern unserer Gralsmythen stehen, und wir sehen endlich einmal Amfortas in Kundrys Umarmung, und wie Klingsor ihm den Speer raubt, und wir sehen, wie Parsifal den Schwan erschießt, die Wunde groß und den ganzen Gralstempel füllend, alles in Szenen mit Puppen, die den Darstellern der Uraufführung vor hundert Jahren nachgebildet wurden, mit den uns von Fotos bekannten Gesichtern und Kostümen von 1882.

Und wir sehen Richard Wagner am Kreuz seiner Existenz, verlacht und gemartert von sich selbst, an der Martersäule im rosa Schlafrock mit weißem Atlasfutter und Schleifen, angefertigt nach den Zeichnungen von seiner Hand.

Und wir sehen die Kundry-Puppe versinkend lachen hinter allem und eine große Träne im Stein der »Melancholie« Dürers, als Zitat aus dem Hitler-Film und mit Cosimas Tagebuchnotiz als Quelle: sie habe geträumt von Parsifal und eine große Träne gesehen über der Welt.

Wir sehen eine große Kugel auf einem Baum, dessen Krone zum Kelch wird hinter Kundry – eines der vielen Gralssymbole in diesem Film. Kundry wird mit ihm erwachen und untergehen.

Und wir sehen Parsifal I und Parsifal II noch eiförmig ineinander verschlungen, und wie Parsifal I wie im Traum sich hinbewegt zu unserem Film, während Parsifal II weiterschläft, als ob das, was wir nun erleben, sein wird wie sein Traum. Parsifal träumt, was er erlebt und sein Abenteuer als Traum von uns.

Und wir sehen die später immer wieder auftauchenden Requisiten: den Thron Karls des Großen bei Amfortas und Kundry – im Gralstempel also –, hier aber, im Vorspiel, bedeckt vom Sternentuch der Mutter, auf dem sie mit dem kleinen Parsifal, den Bogen in der Hand, sitzt. Der Bogen hat die Form des Seitenreliefs einer Geige. Actionszenen also zum Vorspiel in Puppengestalt, Comic Strips für Kinder, naiv gemacht. Richard Wagner für die einen und für die anderen, die von Kleist und seinem Ernst wissen, die Seele unserer Bewegungen aus der Mechanik alter Mythologie so zu gewinnen, daß es hier Menschen schwer fiele, das zu spielen: daß Herzeleide, das Kind, die beiden Parsifals und jene dritte Figur unseres Glaubens als einzige ausgenommen sind, sollte man bedenken.

2.

Nach dem Vorspiel, mit dem Beginn des von Wagner vorgeschriebenen Morgens am südlichen Abhang der Pyrenäen – man beachte südlich, also nicht germanischer Norden –, erwacht unser Gurnemanz am Fuße eines gewaltigen Baums, den man sieht durch die Schlucht, die gebildet wird durch den geöffneten Spalt zwischen Nase und Kinn der Totenmaske. Zum Erwachen des Morgens mit den Trompeten vor der Gralsburg erscheint kurz die Vision unserer Gralsburg – und das ist noch einmal der Kopf Richard Wagners. Diese Idee war neu, von Anfang an nie geplant, und daher auch nur sehr stümperhaft aus der schon gedrehten Szene herausgeschnitten, klein und lichtschwach projiziert, also kaum zu erkennen, leider.

Dieser Kopf Richard Wagners geht über in die Projektion eines Morgens von Caspar David Friedrich, das »Kreuz im Gebirge« (Tetschener Altar), Böhmen, wo die mythischen Geschichten und Richard Wagner zusammentrafen und wohin er nach seiner Geburt mit der Mutter gebracht wurde. Dieser Caspar David Friedrich auch anstelle einer von uns ursprünglich geplanten Gralsvision nach eigenem Entwurf. Das Kreuz und der Morgen auf dem Berge, eines der berühmtesten Bilder deutscher Romantik klassischer Tradition, durch die Furchen des Wagnerschen Kopfes gesehen, bedeutet Erinnerung in vielerlei Gestalt. Auch ist es eine Vorwegnahme der »Waldesmorgenpracht«, von der Amfortas später singen wird, die wir aber nicht zeigen, wie wir bald sehen werden. Diese Lösung einer Kombination des Wagnerschen Kopfes mit dem Caspar-David-Friedrich-Gemälde als Projektion war relativ neu und während des Drehens entstanden nach langen Überlegungen zum Anfang, in denen einmal Gurnemanz aus der Projektion seines Urbildes vor hundert Jahren hätte treten sollen, oder aus der Projektion einer von Adalbert Stifter gemalten vereisten Hütte.

Schon hier beginnen wir den nun für diesen Film bestimmenden Rhythmus mit einer sechs Minuten langen Einstellung, in der allein die Kamera sich langsam bewegt zum Gebet und näher kommt an den knienden Gurnemanz und seine zwei Knappen heran und in die Schlucht hinein, an deren Ende die Ritter auftreten, um vom kranken König Amfortas und seiner Leidensnacht zu berichten und daß er nun komme zum Bade, seine Wunden zu waschen. Alles ohne Schnitt, ohne Zwischenschnitt oder Gegenschnitt, ruhig wie die Musik, wenn man so will.

3.

So kommt auch in diese Ruhe die Botschaft von der Ankunft Kundrys – bei Wagner zu Pferd und durch die Luft –, hier als Zitat und gerade noch als eine Erinnerung an unsere Puppen aus dem Vorspiel, mit erstem Schnitt: Wir lassen Kundry auftreten vor Mélièsschem Sternenhimmel, auf einem Pferd reitend, das einem Walkürenpferd aus Bayreuth aus der Zeit Richard Wagners nachgebaut wurde – als Puppe also, wie eine Vision der kindlichen Knappen um Gurnemanz –, und lassen sie so hinter die Berge unserer Vorstellungen verschwinden. Und so wie sie durch die Lüfte fliegt als mechanisches Wesen einer Seelenfigur und auf die Erde fällt und hinter den Bergen versinkt, tritt sie bei uns auf in der nächsten Einstellung, aus dem Wasser kommend, schön wie Ophelia aus einem See, der Augenhöhle in Richard Wagners Totenmaske, dem Tränensee, und steigt auf an Stelle des Auges vor Nase und Augenbraue, in einem schweren Mantel, den sie verliert wie eine Nachgeburt, schwer, angesogen mit Wasser, und kriecht ein Fenster entlang, das dem des Sterbezimmers von Richard Wagner in Venedig im Palazzo Vendramin nachgebildet ist.

Ein Fenster, über dessen Läden Wasser rinnt, wie unendliche Tränen, und hinter ihr als Projektion der Palazzo Giustinian, in dem Richard Wagner zum erstenmal über Parsifal schrieb, als er an »Tristan« arbeitete. Die Projektion von Klinke und Tür, die Richard Wagner oft hat passieren müssen, wie man sich denken kann – und hineingemalt, wie verwachsen, Edith Clever als Klytemnestra, die nun als Kundry vor diesem Hintergrund sagt oder singt auf die Frage, woher sie komme: »Von weiter her, als du denken kannst.« Und sie bringt rettend den Balsam von Arabia, das Venedig mit uns verbindet bis zur Antike der Klytemnestra. Dieses Ineinander von Richard Wagners Existenz, der Geschichte unserer Kultur in den Bauten und Elementen und Projektionen auch von der Kunstfigur der Schauspielerin auf dem Theater, wie sie später noch öfter im Film eingebaut werden, entwirft so schon mit dem ersten Auftritt eine rätselhafte Erscheinung dieser Kundry, müde auch von diesen Verwandlungen und Erinnerungen, hier mit dem Schwert auf die Brustspitze gerichtet aus den blutigen Zeiten unserer Vergangenheit. So meine ich, könnte und sollte eine Kundry sein, erscheinen dürfen, wie es der Film vermag.

Kundry aus dem Wasser kommend, schön und wie Ophelia, aus dem See, der gebildet wird in der Totenmaske Richard Wagners

4.

Dem Auftritt des Amfortas mitten durch die Wurzel eines riesigen Baums hindurch, mit seinem Zug der Träger, Wunder-Heilerinnen und Begleitung, folgt eine lange und einzige Einstellung des Amfortas. Die Wurzeln werden ergänzt durch eine nachher aufgeblendete Projektion mit dem oberen Teil des Baumes aus südlicher Landschaft, wie das Panorama selbst, gebildet aus südlich wirkender Kopflandschaft der Totenmaske Richard Wagners.

Diese erste Großaufnahme, der Kopf des Amfortas, war auch unsere erste Erfahrung mit einer so langen Synchronpassage. Sie bewies uns, wieviel möglich war, und wurde nur einmal gedreht. Wir filmten diesen großen Kopf des Amfortas, gespielt von Armin Jordan, ohne Unterbrechung durch Schnitte der in den großen Monolog hineinsprechenden, kommenden und gehenden Personen, auch das gehört zum Merkmal und Rhythmus dieses Films. Das aber hieß, alle Reaktionen der um den leidenden Amfortas herumstehenden Personen mußten in diesem Gesicht selbst ablesbar sein. Es hieß also verzichten auf die stummen Reaktionen Kundrys auf seine Blicke, denn diese beiden sind ein Paar, waren es in der Geschichte Richard Wagners und werden es sein am Ende dieses Films.

Alle Schnitte, die die mythische Wucht dieses Wundenmonologs unterbrochen hätten, mußten notwendigerweise die Einheit zerstören, und Richard Wagner würde preisgegeben der Nervosität, dem anbiedernden Aktionismus jedes gängigen Actionfilms mit seinem Boulevardstil von Hin- und Herschnitten. Anders als auf dem Theater zwingen diese Schnitte den Zuschauer in einen Rhythmus des

»Hier nimm du, Balsam . . .«

Dieser Blick der Kundry, weg von Amfortas . . .

Filmregisseurs, und das ist oft eine Vergewaltigung dessen, was der Zuschauer unbewußt und leider gerne aufgegeben hat, indem er sich vom Theater abwandte und dieser Gewalttätigkeit des Kinorhythmus überließ. Oft war das Kino bis heute die popularisierte Form des Broadwaytheaters für den entmündigten Theaterzuschauer, mit technischen Möglichkeiten, die nur der Film zu bieten imstande ist, sehr konsumgerecht und mit manchen künstlerischen Möglichkeiten, aber ohne Interesse dafür, welch andere Größe diese Technik auch dem heutigen Menschen zu geben imstande ist, ohne ihm seine Freiheiten zu nehmen, im Gegenteil, sie zu erziehen, zu bedienen oder sich dieser Freiheit zu widmen.

So beschlossen wir nun, diesen langen, von Kundry nicht unterbrochenen Monolog des Amfortas, der in einem Blick zu ihr endete, voller Sehnsucht und Mitleid und hilfesuchend, mit einem vorweggenommenen Antwortsblick der stummen Kundry zu paaren, ein Blick, der alle Blicke von der Art gewaltsamer Zwischenschnitte nicht nur aufhebt, sondern zusammenfaßt, in einer Vorwegnahme jener Augen-Blicke, die für den weiteren Fortgang des Films noch von einiger Wichtigkeit sein werden. Dieser Blick der Kundry, weg von Amfortas in Richtung Kamera, bietet die größte Intimität der seelischen Assoziation. Der Zuschauer denkt, fühlt, konzentriert sich hier im Spiegel dieses Gesichtes eher als in Schnitten, Gegenschnitten mit dem Zwang des Wann und Wielange und Wiegroß, oder wohin zu schauen.

Wie im Theater und im Buch ist der Zuschauer frei, selbst zu kombinieren und zu fühlen und zu denken. In ihm entsteht die Phantasie dieses Films, die Partitur eines Hintergrundes der Assoziationsketten, die mehr sind als das was sichtbar und hörbar wird, oder eine Kombination von allem, wenn er dieses Gesicht sieht und die Musik dazu hört. Es entsteht eine Mischung aus Mitleid und Trauer, aus etwas, das er noch nicht weiß, aber das Musik und Bilder sofort und ab hier in ihm geweckt und aktiviert haben auf ehrliche Weise, daß heißt nicht gewalttätig und kontrollierbar und in besten Absichten der Distanz einer großen Bemühung.

Als Hintergrund des Amfortas-Monologes war ursprünglich geplant – wenn er von der Waldesmorgenpracht singt, – das Kreuz vom Tetschener Altar auf dem Berg mit aufgehender Sonne einzublenden, was wir aber, wie viele dieser Projektionen und Sonderideen, wegließen. So wurde das Caspar-David-Friedrich-Bild frei für den später gedrehten Anfang, das Aufwachen des Gurnemanz im ersten Bild der Oper, und die eigentlich von Wagner gedachte Projektion der Gralsburg für diesen Anfang mit Gurnemanz reservierten wir uns für die nun folgende Sequenz der langen Gurnemanz-Erzählungen von der Gralsgeschichte.

Wenn nun die zurückbleibende Kundry mit den Knappen spricht, verärgert und jene ärgert wie ein wildes Tier mit ihrer Antwort: »Sind die Tiere hier nicht heilig«, so geschieht das in gestaffeltem Blick, d. h. voneinander abgewendet. Kundry schaut weg von den hinter ihr stehenden Knappen, zur Kamera hin wie diese. Das ermöglicht, die Schnitt-Gegenschnitt-Technik des Boulevardfilms zu vermeiden und charakterisiert weiter ein Stilmittel, das diesen Film auch in Zukunft kennzeichnen wird (siehe Amfortas-Monolog zuvor, Klingsor-Dialog, aber besonders später die Aue im 3. Akt)

5.

Der große Gurnemanz-Monolog im Baum, durch den Amfortas siech hindurchgetragen wird mit den Knappen, wie Vögel in einem Labyrinth, ist der gefürchteste Teil der Oper für alle Regisseure. Zwanzig Minuten Monolog und Erzählungen von Speer, von Titurel, dem Gral, Amfortas, Sünde und Fluch, Klingsors Schicksal, und die große Gralsstory vom erwarteten Erlöser. Die Idee, Gurnemanz in einer langen Einstellung einfach über Treppen in die Wurzeln des Baumes hinaufsteigen zu lassen mit zwei wechselnden Projektionen hinter ihm, war neu und während des Arbeitens im Studio entstanden, und eigentlich, zunächst zumindest, die schwerwiegendste Revolte gegen alle eigenen Ideen und seit langem besprochenen Pläne mit entsprechenden Konsequenzen.

Ursprünglich sollte er mit den Knappen durch verschiedene Szenen wandern, wie einer, der erzählt; zum Beispiel am Fenster in Venedig vorbei, wie es uns bekannt ist aus dem ersten Auftritt Kundrys – das Fenster im Palazzo Vendramin, in dem Richard Wagner starb, mit einer projizierten Träne dahinter, entsprechend Cosimas Traum, dann eine Treppe hinauf, in einen Morgenmantel Richard Wagners hinein, wo sich die Gruppe Gurnemanz mit den Knappen hätte hinsetzen sollen. Zur heiligsten Musik und deren Texten hätte es Projektionen von Stoff- und Farbdetails seiner Gewänder gegeben, wie sie von Richard Wagner so oft beschrieben wurden. Nun also steigt Gurnemanz allein, wie eine Vision der Knappen oder wie Moses auf den Berg Sinai, in die Nacht des Sternenfutters von Richard Wagners Hausrock, der über dem Baum langsam eingeblendet wird als Projektion, die wechselt in die Vision der Gralsburg, als Zitat der verschiedensten Stile und Länder und deren Heiligtümer, und sich dann in ein Land verwandelt, das sich später als Klingsors auf der anderen Seite des Flusses blutrot als heidnisches Stonehenge unter einem einsamen Strahl der verdeckten Sonne zu erkennen geben wird, wie schon gesagt.

Diese Projektion der Gralsburg war für den Anfang zum Gurnemanz-Erwachen geplant und wurde dann ersetzt durch den Caspar David Friedrich (Tetschener Altar), der wiederum frei geworden war durch Nichtverwendung im Auftritt des Amfortas.

Daß dieser Baum mit seinen labyrinthartigen Wurzeln plötzlich den zwanzig Minuten dauernden Monolog von Gurnemanz aushalten mußte, hatte Konsequenzen für die noch zu drehenden Sequenzen. Damit nichts Zufälliges entsteht, wurde die Idee des Baumes weiter ausgebaut. Also wacht in der später gedrehten Sequenz dann Gurnemanz dort auf (Anfang 1. Akt), und zu Beginn des 3. Akts wird dort Kundry gefunden, nach dem Parsifal-Abenteuer im 2. Akt.

Auch die Idee, daß der Kelch – entstanden aus der Krone jenes Baums, der aus dem Labyrinth im Fuß unseres Grals wächst – zu jener Kugel wird, in der sich in der einen Hälfte ein verkleinertes Labyrinth mit Baum und in der anderen (am Ende des Films) Bayreuth in der Hieronymus-Bosch-Landschaft unter den Haaren Kundrys enthüllt, ermunterte uns, diese Gurnemanz-Szenen doch in den Wurzeln dieses Baumes stattfinden zu lassen. Es war uns klar, daß wir diese Idee stärker betonen mußten, sichtbar in die Kamera bringen am Anfang und Ende des Films und immer wieder, um alles gegenseitig abzustützen und Zufälligkeiten zu vermeiden.

Die Entscheidung, den Hausrock Richard Wagners als Hintergrund der Gurnemanzschen Gralserzählung zu wählen, war schwierig. Das Modell zu dieser Projektion ist zum erstenmal im Vorspiel des 1. Akts fast nebenbei zu erkennen zwischen den Puppen-Existenzen der Wagnerschen Karikaturen. Später wird er der Hintergrund sein für den Auftritt Kundrys im 2. Akt vor der Verführungsszene. Im 3. Akt wird er dann letzte Stufe des Gangs zum Gralstempel. Das gleiche Motiv in den verschiedenen Ambivalenzen seiner Stellung im Ganzen. Das Gleiche im gegensätzlichen und ineinander verwobenen Bedeutungscharakter erhält verschiedenen Sinn.

Alles ist durch die Ausführung im Stil naiver Kinderzeichnungen oder eines Modells auch wieder logisch und denkbar als Traum oder Vision eines Gurnemanz zuhörenden Knappen oder des zurückgebliebenen und schlafenden Parsifal II am Ende des Vorspiels.

Zur Ankündigung Parsifals durch den Ritter- und Knappenchor, der dessen Todesschuß auf den Schwan aufgeregt berichtet, erscheint das Bild der hockenden Kundry mit mitleidigem Blick über einer sich langsam rot färbenden Nebelquelle, von der sie wie ein Tier wegspringt, als ob sie selbst getroffen wäre. Das Rot dieses Nebels wird nun weiter ein farbliches Leitmotiv sein für die nächsten Sequenzen. Auch hier, statt der üblichen und vorgesehenen Ritterchöre, die Darstellung und Reaktion eines einzelnen Menschen und speziell dieser Kundry.

6.

Parsifal tritt auf durch eine Längsschlucht des Kopfes aus
Richtung Stirn zum Kinn hin (die Gurnemanz-Schlucht am
Anfang des Films lag quer zur Nase zwischen Mund und
Kinn). Nun Parsifal also vor blutrotem Hintergrund im
roten Nebelsee mit weißem Pferd, in den Farben des
weißen Schwans und dem Rot des Blutes – wie vorher in
der Kundry-Szene angedeutet und ein weißes Pferd in
Anlehnung an Siegfried in Fritz Langs »Nibelungen«. Zum
erstenmal Parsifal nahe und Gurnemanz im Off, d. h. man
sieht ihn zu seinen Fragen nicht nach Namen, Herkunft
und Person. Er ist allein die Person des Parsifal, die wir
ununterbrochen beobachten können, nicht unterbrochen
durch das Bild des Fragestellers Gurnemanz, so wie Gurnemanz zuvor ohne Unterbrechung seinen Monolog sprechen konnte ohne Zwischenschnitte auf Knappen und
Kundry. Das schafft Ruhe und geht auf Kosten der Action,
aber zugunsten der Konzentration des Zuschauers, der
diese Fragen, wie an ihn selbst gestellt verstehen kann.

7.

Lange Zeit während der Dreharbeiten war mir die liebste
Einstellung jene, in der der tote Schwan weggetragen wird
auf einer Bahre, wie Siegfried nach seiner Ermordung, in
die Schlucht hinein, die gebildet wird im Totenkopf
Richard Wagners vom Unterteil des Kinns in Richtung
Nase, zwischen den steilen Wänden des Kinns hindurch in
Richtung Lippe. Und weiter auf seinem Weg in triumphie-

Daß die Nachricht vom Tode der Mutter diesen Parsifal gegen
die boshafte Übermittlerin mit Gewalt reagieren läßt, ist von
Richard Wagner vorgesehen . . .

rendem Trauermarsch, nachdem das schwarze Tuch der Trauer, vom toten Schwan wieder fortgezogen, nun einen Porzellanschwan enthüllt – dem Schwan Ludwigs II. in Neuschwanstein in Originalgröße nachgebaut, – als Denkmal des Sieges vom Kunstmythos über den Tod.

Das bedeutet mehr als Trick, mehr als Verwandlung von Wüste in Zaubergarten oder dergleichen, das heißt Erhöhnung der toten Materie durch Kunst im Reiche des Grals, zu erkennen am kleinsten Detail aller großen sonst verwendeten Allegorien.

8.

In der folgenden Szene zwischen Parsifal, Gurnemanz und Kundry erzählt Parsifal von seiner Kindheit, seiner Mutter und seiner Begegnung mit den Rittern, jene Ursache für seinen Fortgang in die Welt, der zum Tod der Mutter führte aus Kummer. Diesen Tod erfährt er nun durch Kundry, die bei uns im Vorspiel die Herzeleide-Mutter war. Diese Szene variieren wir zur üblichen Tradition dahin, daß Kundrys Bosheit in der Todesbotschaft zwar, wie von Richard Wagner vorgesehen, zum Würgegriff des Parsifal an Kundry als der Todesbotin führt, aber in eine neue Auflösung auch, die darin beruht, daß Kundry diese gewaltsame und von ihr provozierte Umarmung in eine liebevolle Umarmungszeremonie verwandelt, was zu einer seltsamen Erkenntnis beider führt, daß sie nämlich miteinander mehr zu tun und mehr gemein haben, als ihnen im Augenblick möglich ist zu begreifen.

Die folgende Ohnmacht des Parsifal rührt daher aus

einem tiefen Erkenntnisschock, auch der Kundry, die ihn nun mit Wasser aus der heiligen Quelle abwäscht an Gesicht und Händen. Gurnemanz steht in seiner Kommentierung der Gralsgebote und Beobachtungen dieser Szene eher abgewendet, wie ein Erzähler und Führer des Ganzen, indem er die Gruppe von der Kinnpartie des Wagnerkopfes weggeführt hatte zu einem großen Gerüst, in das der zu 3,50 Meter vergrößerte Bogen in Form eines Geigenprofils gespannt ist, mit dem Parsifal den Schwan erschoß. Das Denkmal einer Bogenmaschine, an der er Kundry erwürgen wollte.

Wenn Kundry sich danach müde schlafen begibt, so lassen wir das geschehen in der Augenhöhle der Wagnerschen Totenmaske, an der Nasenseite sich zusammenkauernd wie ein Embryo, angstvoll, wie die Musik es vorschreibt, in metaphysischer Qual, wissend um mehr, als sich sagen läßt – in der Partie des Gesichts, die später in der Aue des 3. Akts, so wie im 2. Akt, am Ende der Verführungsszene, noch eine große Rolle spielen wird. Es ist dieselbe Augenhöhle, aus der Kundry schon vorher wie aus einem Tränensee auftauchte zu ihrer ersten Erscheinung. Jeder Teil des Kopfes hat seine feste geographische Bedeutung im Sinngefüge des Ganzen.

Die Konstellation der Figuren an dieser Bogenmaschine ist ihre scheue Abwendung voneinander, sie bewegen sich hinter- und nebeneinander, stehen abgewendet und wie erstarrt am Ende. Gurnemanz als Kommentator und Erzähler nach links außen gedreht, Kundry weggewendet nach rechts, Parsifal zwischen beiden, hinter Kundry, mit dem Rücken zu Gurnemanz, in sich gebeugt, tief zu jener Bogenmaschine hin, weg von der Kamera. Einmal versucht Kundry den Blick Parsifals zu fangen, wenn er die

... Die Auflösung
der Würgegriffe
in eine Liebes-
umarmung war
unsere Erfindung

Hände vors Gesicht hält bei der Botschaft vom Tod der Mutter. Die äußerste Kraftaufwendung ist die Gewalt seines Würgens, ihr nahe zu kommen, zu nahe, sie anzusehen und den Kopf auf ihre Brust gesenkt in der sich wandelnden Umarmung, ohne Chance der Gesichter, zueinander zu kommen. Das Waschen des Gesichts und der Hände geschieht mit beinahe geschlossenen, niedergeschlagenen Augen und mit fast mechanischer Zuneigung.

Daß die Nachricht vom Tode der Mutter diesen Parsifal gegen die boshafte Übermittlerin mit Gewalt reagieren läßt, ist von Richard Wagner vorgesehen. Die Auflösung des Würgegriffs in eine Liebesumarmung mit der großen Nachdenklichkeit und ohnmächtigen Erkenntnisandeutung war unsere Erfindung und bedeutete in ihrer ganzen Gestik eher eine Vorahnung des Kusses aus dem 2. Akt.

Hier schon wird das Mutter-Sohn-Verhältnis deutlich, aber hier noch bedarf es nicht eines Parsifal in anderer Metamorphose, um weitergehen zu können auf seinem Weg und Abenteuer zum Gral. Wenn Kundry dann Wasser holt, um den Erwachenden damit abzukühlen, tut sie das mit schöner Sanftmut und unnachahmlicher Andacht, wie sie Hände und Gesicht abtastet und sagt, »ich helfe nie«, die Scheu der letzten Möglichkeiten Wagnerscher Gefühlsexzesse auskostend.

Aber die Fotos dieser Szene sind oder scheinen von größerer Intensität zu sein als die im Film vorliegende Szene. Wir konnten aus Zeitgründen keine Wiederholung drehen. Robert Lloyd, als Gurnemanz sehr wichtig hier, mußte mit dem Flugzeug nach London, wie im Vertrag vorgesehen, zu seinen vielen Abendvorstellungen in Covent Garden. Wie so oft waren wir in der Organisation unseres Drehplans abhängig von den kompletten Terminplänen speziell unserer Musiker (Armin Jordan, Aage Haugland und Robert Lloyd), die auf Jahre ausgebucht sind, was sicher so manche Folgen hatte, vor allem in der Weise, daß nicht nur nicht chronologisch gedreht werden konnte, sondern vorher gedrehte Szenen immer nachfolgende beeinflussen werden und diese Abfolge hier nicht nach eigenem Wunsche geschah. Und wie immer auch hier: Filme dieser Art, die einmal bleiben werden, sind nur möglich als Brosamen, die abfallen vom Tisch des Alltags unserer Theater und der anderen Verpflichtungen wichtigster Mitarbeiter.

Nach kompliziertesten Proben, zwischen Kindheitserzählung, Muttertod, Gewaltsausbruch in einer Einstellung mit drei Personen und schönsten Varianten der Kamera, auch in nächster Position der Umarmungsinnigkeit, trieb die Eile, denn das Flugzeug war schon abgeflogen und nur ein Charter half, mit viel Glück und letzter Konzentration diese reichlich aufregende Szene zu drehen, durch gute Organisation und fehlerlos, wie es schien, in letzter Minute: zu dem nun im Filme sichtbaren Ergebnis (Robert Lloyd stand uns die nächsten Tage nicht zur Verfügung und an anderen Tagen waren andere Darsteller nicht da, oder Amfortas und Gurnemanz zusammen vorgesehen, so daß eine Wiederholung dieser Szene nicht zu planen war, da auch Armin Jordan als Amfortas nur an drei Tagen überhaupt frei war und mit Robert Lloyd zusammen nur einmal).

Kompliziert war gerade jene Szene auch deshalb, weil diese heftige Aktion des Würgens verlangt war, außerdem Synchronität, und drei verschiedene Darstellertypen zusammenkamen: der Sänger Robert Lloyd, der Laie Michael Kutter als Parsifal und die Schauspielerin Edith

. . . Tut sie das mit schöner Sanftmut . . ., wie sie Hände und

Gesicht abtastet und dann sagt: »Ich helfe nie.«

»Nur Ruhe – ach –
der Müden.
Schlafen! – Oh daß
mich keiner wecke!
Nein nicht schlafen!
– Grauen faßt mich!
Machtlose Wehr!
Die Zeit ist da . . .«

Clever, jeder mit den eigenen Problemen und anderen Möglichkeiten. Die nun so entstandene Szene zeigt sehr deutlich die Verschiedenartigkeit der Darstellungscharaktere. Gurnemanz eher kommentierend, abseits, Parsifal hilflos, in idealer Naivität, von seiner Kindheit erzählend, zugreifend und reagierend auf das Folgende; und Kundry, wie ein Spiegel den Worten Parsifals mit reflektierendem Gesicht nachfolgend, jedem einzelnen Wort in der Plastik der ihm eigenen Musikalität, von Kindheitsabenteuern bis Bosheit und früher Verführung. Das besonders Pikante dabei ist, daß diese Kundry, bei uns, jene Mutter des Parsifal war, von der er nun erzählt, eine Mutter in anderer Gestalt, nun als dämonisch boshafte Verführerin. Die Fotos von den Besprechungen und Proben zeugen deutlich von der aufregenden Problematik dieser Szene.

9.

Alle waren froh, als im ersten Anlauf die Szene gelang. Wir waren so erschöpft, daß wir vor Ende des Drehtages abbrachen, zum ersten und einzigen Mal. Später dann die Gewissensnöte, doch zu total, zu sehr auf Sicherheit gegangen? Opferung der Details, wie innig waren die Details der Hände und Köpfe gewesen, das Abseitsstehen des Gurnemanz, das Weglaufen der Kundry und die Ohnmacht des Parsifal.

Dazu kam noch, daß wir plötzlich ein Rot statt eines mir lieben Dias im Hintergrund auf die Leinwand projiziert hatten, das uns nun ärgerte in der Vorführung: zu flach, aufdringlich, rot, als Anlehnung an das Rot des Schwanentods und Parsifals Auftritt, und Klingsors plus Gralsdia und Wunde des Amfortas. Ein bis zum Ende des Films uns verfolgender Wunsch nach Wiederholung dieser Szene konnte aus Zeitgründen nicht erfüllt werden. Jetzt am Schneidetisch ist sie auch im Zusammenhang mit dem angrenzenden Szenenrhythmus gar nicht schlecht, und distanziert wirkt sie ehrlicher vielleicht als zu große aktionsbetonte Nähe, klar und ruhig.

Hier beweist sich die Neigung, in Krisensituationen eher auf klärende und freundliche Distanz und Ruhe zu setzen. Wer von den Mitarbeitern darf den inneren Nöten des Regisseurs ausgesetzt und mit seinen Zweifeln konfrontiert werden? Habe ich das Recht, sie damit zu ängstigen, und ist es klug, den Künstler zu spielen, wie manchmal vielleicht erwartet, aber immer auf Kosten des Budgets, weil das Zeit und Nerven kostet. Also wird einiges geopfert an alten Ideen zugunsten von Konzessionen, was oft, und speziell die engsten Mitarbeiter des Teams, dann verwirrt, ärgert oder sie abwandern läßt ins Abseits von Unverständnis oder Gegnerschaft manchmal.

Das gewünschte Dia hier wäre zum Beispiel gewesen, und war vorbereitet in mehreren Versionen: der vergrößerte Richard-Wagner-Kopf, so wie er als Hintergrundlandschaft für die Baumszene des Gurnemanz verwendet wurde, jenes Grundpanorama des 1. Akts vor dem Gral noch einmal wieder aufnehmend. Diese Projektion aber hätte es unmöglich gemacht, die Szene in einer Einstellung mit sich bewegender Kamera und sich bewegenden Schauspielern und Schwenks so zu drehen, wie wir es mußten. Das projizierte Rot war die Rettung und ist nun gut so.

10.

Der Übergang von diesen ersten Szenen des Films, der Exposition, wie man früher sagte (Erwachen des Gurnemanz, Ankunft Kundry und Amfortas, Monologe des Gurnemanz mit Erzählungen zur Vorgeschichte des Grals, vom Warten auf den Erlöser und das Erscheinen Parsifals mit Schwanentod), zum Gral führt zum erstenmal tief in den Kopf der Totenmaske Richard Wagners hinein.

Gurnemanz führt Parsifal durch die Nordsüdspalte des Kinns in Richtung Mundlippe, wo die berühmten Sätze fallen vom Raum, der hier zur Zeit wird, und: »Wer ist der Gral?« Oder: »Ich schreite kaum, doch fühl ich mich schon weit.« Was kann man da zeigen? Zum erstenmal ein langer Blick, Auge in Auge, ohne Schnitt, als Duo-Szene: Gurnemanz und Parsifal. Es geht durch das Labyrinth des Kopfes, das letzte Abenteuer des Ganges zum Zentrum der Gralsgesellschaft beginnt. Arm in Arm. Innig.

Nach einigen Umkreisungen des Kopfes mit Projektionen aus der Geschichte Bayreuths und aus dem Wagnerschen Werk, das dieser »Parsifal« hinter sich ließ (Walküre-Projektionen durch Kopfteile der Totenmaske), kommen wir über den ersten Erda-Entwurf in eine Fahnenschlucht, mit Fahnen aus verschiedenen Epochen und Ländern, in Totenräume, durch die die beiden hindurch müssen, kreuz und quer, labyrinthisch, bis an den Teil des Kopfes, der sich dann öffnet, wie das von Richard Wagner auch auf der Bühne als Felsentor beschrieben wird. Hier zum Innersten des Grals in seinem Kopf, zum Zentral-Raum, der entsteht, wenn man die Nase herausnimmt, hinter den Spalten, die sich nach allen Seiten öffnen für Projektionen von gemalter Architektur.

Zum Beispiel Bramantes Entwurf zu Sankt Peter in Rom, wie er nie ausgeführt wurde, hier realisiert als Bau und schon zerstörte Ruine, der im Film vollendeten Ruine nach dem Untergang der Welt. Oder der als Kirchenbau realisierte Gralstempel, wie er vor hundert Jahren in Bayreuth zur Uraufführung auf der Bühne errichtet wurde, als Ruinenprojektion.

11.

In diesen Kopftempel ziehen Ritter und Mönche ein, und geplant ist, den Gralstempel unserer Version 1981/82 in der Mitte des Kopfes zu etablieren. Und da er für 80 bis 100 Statistenritter zu klein wäre, wollen wir diesen Teil fotografieren, um ihn dann zu projizieren auf die 12 m breite Leinwand, mit unseren Kopfteilen und Treppen an den Seiten zum Auf- und Absteigen.

12.

Auch entschließen wir uns, die oberen und mittleren Höhenstimmen, die sonst auf der Bühne nie sichtbar werden, im Bilde zu zeigen. Kinder, Knappen und einige der späteren Blumenmädchen. Eine große Theaterfamilie mit immer denselben Darstellern in verschiedenen Kostümen, wie wir alle eine Familie sind in verschiedenen Rollen unserer jeweiligen Aufgabe, uns trennend, wiederfindend hier und da in den verschiedenen Zeiten der Geschichte.

Hintergrund dieser oberen Höhen ist einmal die unrealisierte phantastische Architektur Ludwigs II. (Sängerlauben in Neu-Schwanstein) und vereiste Ritter aus Ossians Traum von Ingres, und ein andermal ein kaum erkennbares Rosa von Richard Wagners seidenen Unterjacken, wie in Bayreuth entdeckt und fotografiert. In dieser Farbe auch waren Puppen im Vorspiel gekleidet und ist ein Teil der Höhenstimmen hier nun zu sehen, auf der Kinnseite des Kopfes, in den Wolken unseres Nebels über den knienden Rittern und Mönchen innerhalb des Kopfes.

Später auch zur Gralszeremonie werden die oberen Stimmen aus einem Buch lesen, so groß wie ein Lebensbuch der Märchen auf der Spitze der Himmelsleiter, die in das Sternenfutter der Wagnerschen Hausjacke führt. Ein Lebensbuch mit Zeichnungen aus Richard Wagners Briefen zu Kleidern und seinem letzten Porträt in Venedig vor der Todesnacht, und mit jenen Noten der Gralsmusik, die er Judith Gauthier nach Paris schickte als Dank für ihm wichtige Parfüms und Stoffe von dort. (Drei der Stimmen aus höchster Höhe sind porträtähnlich zu Judith Gautier, Mathilde Wesendonk – zu deren Zeit in Venedig der erste Gedanke an Parsifal aufkam – und Cosima.)

13.

Titurel sehen wir unter der Totenmaske in einem tropfenden Keller, in der Maske des späten Ludwig II. So ist es Ludwig, der Richard Wagner und nicht, wie üblich, Richard Wagner, der Ludwig drängt. Dieser Ludwig will das Werk, wie Titurel die Vollendung des Gralswunders, und mag die Wunde noch so sehr bluten und schmerzen. Als Dank für das noch einmal vollzogene Gralswunder dieser Kunst darf er nun in Ruhe sterben unter den Gräbern von St. Denis, deren Projektion als Hintergrund im Keller am Ende erscheint – die Königsgräber Frankreichs, Ursprungsland der Parsifal-Legende und das heilige Land Ludwigs II. von Bayern.

Martin Sperr war vor zehn Jahren für den Ludwig-Film schon einmal besetzt gewesen als später Ludwig, der die zweite Hälfte des Films hätte spielen sollen. Durch einen bösen Autounfall am ersten Drehtag mußten wir damals unsere Pläne ändern, und Harry Baer spielte den ursprünglich zweigeteilten Ludwig dann auch in der zweiten Hälfte. Der erste Auftritt dieses Sperrschen Ludwig war geprobt schon und fotografiert in der Haltung von Ingres' Jupiter, was wir jetzt teilweise mit ihm als Titurel realisiert haben.

14.

Der große Amfortas-Monolog im Gralstempel findet in den Kopfteilen statt, die um die Nase liegen. Er sitzt auf einem Thron, der demjenigen Karls des Großen in Aachen nachgebildet ist und den wir im Vorspiel als Unterbau für das Sternentuch der Herzeleide im Wald gebrauchten. Hier mit einer Treppe in die Krypta zu Titurel hinunterreichend, so daß Amfortas, auf diesem Thron sitzend, seinen Vater Titurel sehen kann. Vor Amfortas der Porzellanschwan mit Pfeil, wie in der Krypta der gefiederte tote Schwan, durch Parsifal erschossen.

Regisseur mit Kameramann Igor Luther

Die Wunde als »Tunnel zum Herzen«, aber außerhalb des Körpers unserer alltäglichen Erscheinung.

Neben Amfortas seine Träger und Könige seines Kreises, vor ihm, durch die Wundenmädchen getragen, auf einem schwarzen Kissen, die separierte Wunde, blutend, in der Art von Reliquien oder mittelalterlichen Allegoriedarstellungen oder Devotionalien, wie in Wallfahrtskirchen gebräuchlich. Eine Wunde mythischer Übertragbarkeiten und Assoziationen zur Realität unserer Welt, des 19. Jahrhunderts, und der Geschichte und seines Autors, zugänglich auch für Wunden-Mystik seit dem verlorenen Paradies, seitdem der Mensch in Schmerzen geboren wird, als Strafe für den Verrat der Frau, oder das Symbol der Christus-Wunde, übertragbar auf jeden Menschen und in alle Zeiten und Länder, Sinnbild des offenen Sündenfalls als Quelle fließenden Bluts unserer vielgestaltigen Sehnsucht. Verrat der Frau im Paradies, Verrat der Juden an Christus, hier blutet die Wunde und muß Heilung gefunden werden.

Hinter Amfortas und den Kopfteilen Richard Wagners erhebt sich die Projektion der Ruine des Gralstempels aus der Uraufführung in Bayreuth von 1882. Emporsteigend oder versinkend zur Bewegung der Kamera. Wenn die Kamera Abstand nimmt in die Totale, erscheint die Parsifalstatue, wie sie von Ludwig II. bei dem Bildhauer Zumbusch in Auftrag gegeben wurde. Nach dem Tode Ludwigs wurde sie versteigert, da nicht bezahlt, und nun ist sie als Bozetto aus dem Künstlernachlaß wieder aufgetaucht, wie für diesen Film bei einem Freund.

Alle Projektionen, die ursprünglich für diesen Monolog geplant waren, von den Wunden der Welt und ihrem Untergang, erschienen mir überflüssig und störend durch die gewaltige Intensität dieses Amfortas in seiner ruhigen Darstellung dieser Musik und ihrer Worte. Dieser ungeheure 8-Minuten-Monolog gelang in einer Aufnahme – mit dem Ausbruch am Ende, um Erbarmen bittend wie mit Wut gegen Gott und nicht nur gegen die Welt der Gralsgesellschaft. Und so unterblieben die Projektionen von den Wunden der Welt hinter diesem Amfortas, wie sie geplant waren, von Dresden bis Wahnfried 1945, und deren Ursachen und Nachfolge.

15.

Die Gralszeremonie hat Richard Wagner vorgeschrieben als eine von Titurel gewünschte und von Amfortas gefürchtete Enthüllung des Gralsbechers, wobei im Kreise der Ritter und Mönche und Knappen ein Lichtwechsel stattfindet, der Becher in einem roten Lichtstrahl hoch gehalten wird, und zumindest am Ende der Oper, nach Rückkehr des Speers, eine Taube sich herabsenkt, wie auf alten Bildern und im 19. Jahrhundert noch oft dargestellt, eher kitschig nach dem Verlust der Naivität, und wie sie die alten Meister ohne Risiko der Lächerlichkeit versuchten zu malen. Danach eine Feier, an der sich die so Gestärkten an den Tisch setzen und nach Analogie christlicher Zeremonie Brot und Wein zu sich nehmen. Die Opernbühnen erzählen das mit mehr oder weniger Genauigkeit nach.

Wir wissen von Richard Wagner und seinem Briefwechsel mit Judith Gautier zumindest, wie sehr für ihn persönlich gewisse Stoffe, Farben und Parfüms wichtig waren, die von ihm aus Paris verlangt und eingetauscht wurden gegen gerade die heiligsten Teile der Partitur dieser Musik, in Liebe empfangen, als Bäder zur Kur der Wunden seines Alltags. Es ist hier, mehr als üblich also, anzunehmen, daß die Zeremonie, die vorgeschriebenen Bilder und komponierten Töne, Metaphern alter Reglements waren für persönlichste, intimste Nöte und Erlösungs- und Enthüllungsideen. So auch – mit dieser Musik auf der Spitze des Gefühls – beginnt das Vorspiel zu diesem Parsifal, zu dem Nietzsche sagte, es sei wie der schwermütige Blick der Liebe.

16.

In diesem Film gibt es keine Gralszeremonie der oben beschriebenen Art, und das ist wohl die augenfälligste Abweichung vom üblichen Theaterritual, wenn man einmal davon absieht, daß Kundry diejenige ist, die überlebt, am Anfang wie am Ende, als Seherin des Unheils und Hüterin des Grals, sowie seine Enthüllerin.

Eigentlich wollten auch wir diese Zeremonie der traditionellen Gralsenthüllung leisten. Noch zwei Tage vor der Aufnahme machten wir Fotos vom Kopfinneren, dem Raum, der durch Entfernung der Nase entsteht, mit Gängen und Schluchten zum Eintritt der Mönche und Ritter und des Amfortas, und dem Raum für die Reliquien, mit Apsisteil, der Gralskirche entsprechend usw., um diese so entstandenen Dias als unseren Gralstempel von 1982 dem bisherigen gegenüber- und entgegenzustellen, als große Projektion hinter unseren Ritter-, Mönchs- und Knappenzügen, mit den kleineren Teilen des Kopfes vor der großen Projektionsfläche von 12 m Länge und 9 m Höhe.

Bei Ansicht der Dias mußten wir feststellen, daß sie alle nichts anderes zeigten als beliebig austauschbare Teile eines Waldstücks, wie auch immer beleuchtet.

Die von uns gemalten Räume nach historischen Vorlagen, also Bramantes Zeichnungen von Sankt Peter – wie immer ruinös –, die Bayreuther Uraufführungsarchitektur als Ruine oder die unrealisierten Pläne zum Gralstempel, von Wagner selbst in Auftrag gegeben, welche historisch möglichen Zitate auch immer, erschienen uns beliebig, ohne Sinn und Zwang, historistisch, witzig, geistreich, aber ohne logische Notwendigkeit für diesen Film. Also was tun?

Bedenken, zwei Tage vor Drehtermin der Gralsszene, mit 100 Statisten, unserem größten Aufwand; dieser Szene, die das Herzstück des Bühnenweihfestspieles ist. Noch während der Drehzeit also die schwierigsten Nächte, die sowieso meistens um vier Uhr früh zu Ende waren. Was tun? Wie diese Musik erfüllen im Geiste meiner Ansprüche und dieser Möglichkeiten, ohne Provokation, treu seinem Komponisten ohne Betrug billiger, einfacher Lösung, entsprechend den Unmöglichkeiten dieser Erkenntnisse.

17.

Da half eine Aufnahme des Tages dazwischen: Die Stimme von oben, wie sie am Ende des 1. Aktes von Richard Wagner vorgesehen ist, meistens unsichtbar, hatte ich abzusetzen in ihrer Bedeutung und Funktion von den oberen und höchsten Höhen in der Gralszeremonie, und hatte sie so auf den zusammengeschobenen Kopf Richard Wagners gestellt, in der Position der Straßburger Figur mit dem gebrochenen Speer als Zeichen des Zustands, in dem sich die Gralsgesellschaft befindet, nämlich gebrochen am Verlust ihres Speers und der Identität. Diese Figur aber heißt Synagoge und ist das Gegenbild zum Glauben nach der Ikonographie des Straßburger Münsters und des gotischen Zeitalters, Gegenbild des neuen Gesetzes also, der Figur mit dem Gralskelch am Kreuz plus siegreicher Fahne. Auf das mit Spezialfolie – wie wir sie für die Leinwände unserer Projektionen verwendeten – beklebte Kleid der Figur in der Haltung des gotischen Modells dieser Synagoge, hatten wir rotes Licht so reflektieren lassen, ähnlich wie auf dem Gralskelch während der üblichen Wagnerschen Zeremonien im Gralstempel. Hier nun, am Ende des 1. Akts, zu den Worten: „Durch Mitleid wissend, der reine Tor."

18.

Diese sich so entwickelte Figur brachte den Einfall, die schon bei Richard Wagner vorgesehene Gralsträgerin anstelle der großen Zeremonie stellvertretend so zu benutzen, daß sie wieder mit Folienkleid nun vor die Kamera tritt. In diesem Fall aber vor dem Kopf der Wagnerschen Totenmaske, in deren Inneren die Ritter und Mönche und Knappen und Amfortas und darunter Titurel in der Krypta vorgeführt waren, und wohin auch sie vorher eingezogen war mit einem großen verdeckten Gralsgerät. Und zwar tritt sie vom Auge herkommend auf, in dem Kundry sich schlafen gelegt hatte mit den Worten: »Ruhe, schlafen, schlafen, ich muß«, um sich in die Haltung der Figur des Glaubens vom Straßburger Münster aufstellen zu lassen mit Kreuz und Gralskelch, der uns aus der Bayreuther Aufführung und von Richard Wagners Vorzeichnungen bekannt war – beides mit Folie beklebt. Nun endlich werfen wir auf Folienkleid und Gralskelch eine Projektion der Abendmahlsszene, wie sie Wagners Freund Joukowsky für ihn zur Gralsenthüllung gezeichnet hatte, nach dem Typus der großen Abendmahldarstellungen der italienischen Renaissance.

Also auf diese Figur und deren Kleid und Kelch projizierten wir dann die Gralszeremonie aus dem 19. Jahrhundert nach dem Ritus und Modell der großen abendländischen Tradition aus unseren Erinnerungen in Realität und Malerei, so daß es aussah, als sähen wir die Schatten einer großen Zeremonie aus dem Kopfe selbst wie Erinnerungen aus alten Zeiten zum letztenmal, wenigstens so als Reflex aus der Geschichte des Grals und den Geschichten unserer Kultur, die dem 19. Jahrhundert noch näher und damals vielleicht gerade realisierbar waren.

Als der Gralskelch auf dem projizierten Bilde mit suchender Kamera sich im realen Gralskelch der Gralsträgerin dieses Glaubens wiederfand – kurz vor Drehschluß, in letzter Minute –, rief ich dem das Projektionslicht bedienenden Beleuchter plötzlich zu: »Langsam ausblenden«, und der Gralträgerin: sie solle sich langsam aus dem Bild zurückwenden und die Treppe hinabgehen, zurück zum Kopf. Das alles mit den letzten Metern Filmmaterial in der Kamera, in letzter Minute des um zwei Stunden verlängerten Drehtags, geschah wie durch Zufall und wurde nur einmal gedreht. Das war und ist nun die Gralszeremonie im Jahre 1982.

19.

Hatte das realistische Medium Film sich verweigert, hier mitzuspielen, etwas vorzutäuschen, was heute ehrlicherweise so nicht mehr möglich war und ist? Wären die Statisten, hier mehr als einfache Mönche und Ritter in dieser heiligen Handlung, nicht lächerlich gewesen? Nicht einmal richtig singend, wo die läppischen Opernchöre doch wenigstens Töne hervorbringen; die Kostüme immer unterlegen jeder billigsten Abbildung aus jeder erreichbaren Bibliothek, und die Reliquien nicht vergleichbar mit den aus vielen Museen bekannten Originalen. Dies ist keine Zeit für Feste dieser Glaubenszuversicht hier in diesem Herzstück der ganzen Oper. War es nicht der Zeit gemäß, daß der Mummenschanz Bayreuther Provenienz (und wie Richard Wagner selbst das nannte) heute zusammenbrechen mußte? Ich weiß es nicht.

Das nicht vorhandene Geld für mindestens eine Woche nötige Sorgfalt zu solchem Spiel und Proben zwang uns zu einer anderen Lösung, als die Ästhetik und Technik üblicherweise gewähren konnten. Selbst diese für das Zentrum des Films wichtige Szene wurde gedreht, wie gesagt, am Ende eines um zwei Überstunden verlängerten Drehtages und nur einmal und mit dem Risiko der Improvisation und letzter Konzentration für Kamera, Licht und Darstellerin. Keiner wußte, ob die Kontrastverhältnisse des Lichts auf dem Folienkleid taugen, ob der Wechsel in Rot mit der Projektion zusammenpassen, ob der große Richard-Wagner-Kopf zur rechten Zeit so abgedunkelt wurde, daß die Figur in ihrem farblosen Grau noch zeichnet.

Wir wagten diese Aufnahme erst eine Woche später

anzuschauen, aus Angst mehr vielleicht als aus Zeitnot. Nur Wolfgang Schröter, der Regieassistent, hatte gemerkt, was wir da taten, und zitterte auf seine Weise.

Dem Geist und Sinn nach blieb alles erhalten. Der Gral wird von Amfortas enthüllt, Titurel ist zufrieden, Amfortas wird wieder fortgetragen, und die Gralsgesellschaft ist für eine Zeitlang gerettet. Parsifal erkennt, trotz weinenden Erschreckens und Betroffenheit angesichts der martialischen Ritter und trotz Tränen angesichts der Wunde, nichts. Und wie kann er es, denn es ist nicht die Wunde, die er sieht, die in seinem Herzen brennen muß, und sie kann erst brennen, nachdem er die Frau und die Liebe in der Mutter erkennt, das große Tabu der Tragik, die sie ihm so nahe bringt im 2. Akt.

So wird er also aus dem Gralstempel gewiesen, wie eh und je von Gurnemanz hinausgewiesen, und es bleibt zu überlegen, ob es Parsifal ist oder die Gralsgesellschaft, die noch nicht reif sind zur letzten erkennenden Tat, die ihr Untergang sein wird. Am Ende des 1. Aktes steht Parsifal vor den drei Blutstropfen im Schnee (Zitat aus Chrétien de Troyes), nachdenklich, vor der wieder geschlossenen Totenmaske Richard Wagners und einsam im leeren Studio.

20.

Vor diesem Eingriff in die Tradition und die Wagnerschen Anweisungen zum Ablauf der Gralszeremonie aber hatte ich mich schon entschlossen, statt der üblichen Festrituale von Brot und Wein eine Änderung vorzunehmen, die lange überlegt und geplant war. Statt teurem Tisch und Sitzen für die vielen Statisten als Gralsritter und Gralsrunden werden nun heilige Reliquien dieses Films und einige seiner ihm wichtigen Hintergründe hereingetragen. Der originale Gralsbecher von 1882, wie er uns von seinem damaligen Hauptdarsteller Winkelmann und dessen Erben zugänglich war, die Krone des heiligen deutschen Reiches, nun in Wien in der Schatzkammer verwahrt und zur Zeit des Dritten Reichs wegen seiner Bedeutung in Nürnberg, als originalgetreue Replik, die Parsifalstatue von Zumbusch, eine Stuckrose aus Linderhof aus der Grotte Ludwigs II. und einige Stuckteile und Fliesen aus Wahnfried, bei dessen Umbau gefunden vor einigen Jahren, anläßlich des Winifried-Wagner-Films, aus Hauptsaal und Küche. Dazu, in separater Einstellung, der mit reflektierender Folie beklebte Stein aus Dürers »Melancholie«, wie schon im Hitler-Film verwendet, hier getragen und herbeigeführt aus einer griechischen Tempellandschaft Caspar David Friedrichs. Die anderen, vorher genannten Reliquien werden an der Kamera vorbeigetragen von den singenden Knappen, wie vorher der Dürerstein auf einem kleinen Wagen, hier aus der Ruine von Sankt Peter des Bramante, bis Amfortas am Ende erschöpft und in langen Wundenprozessionen weggetragen wird, in Richtung der Gralstempelruine von 1882, die übergeht in die heile Postkartenbuntheit der so nach der Gralszeremonie wiedererstandenen Gralsburg des Wagnerschen Bayreuth vor hundert Jahren.

Die Welt ist noch einmal in Ordnung gekommen, die Wunderkraft des Grals – wenn auch nur als Schatten einer Projektion – hat geholfen für dieses Mal und diesen 1. Akt. Die einzelnen Stücke, die Reliquien, die Zitate aus der

Vergangenheit kommen aus den Ruinen unserer Erinnerung und aus allen Teilen der Geschichte.

Nicht geschafft haben wir in der Eile und mit unseren technischen Möglichkeiten, die Idee zu verwirklichen, den Wagner-Kopf während der Gralszeremonie von innen so zu erleuchten, daß wir in ihm den Vorgang der außen sichtbaren Projektion vermuten dürfen.

Ob das nun gut sein wird, verständlich, legitim, vielleicht? Trotz der Unmöglichkeit ist es der ehrlichste Ausweg, oder war es ein Zeichen für eine zu Festen dieser repräsentativen Weise unfähigen Zeit? Oder die einzig so diesem Autor zugängliche Möglichkeit? Aus Puppenbeginn und Märchenunschuld übergeführt in seine Projektionswelt, als letzte Askese dieser rein gedachten und komponierten Idee?

. . . anstelle der großen Grabzeremonie, in diesem Fall vor dem Kopf der Richard Wagnerschen Totenmaske . . . nun vor die Kamera tritt, und zwar aus der Richtung des Auges, in dem sich Kundry schlafen gelegt . . .

Ich habe gesagt, Film ist Musik der Zukunft. Nun habe ich einen Film gemacht, dessen Musik die eines anderen ist. Es gilt, Richard Wagner nicht zu bedienen oder zu bekämpfen, sondern fortzusetzen mit anderen Mitteln. Es gilt das Niegesehene hörbar zu machen, wie das Niegehörte sichtbar.

»Tiefe Nacht,
Wahnsinn, oh Wut,
Ach Jammer
Schlaf, Schlaf,
Tiefer Schlaf . . . Tod.«

Der schwermütige Blick der Liebe

2. AKT

VORSPIEL

21.

Wieder eine der Aufgaben eigentlich unmöglicher Bild-Inszenierung von purer Musik. Früh schon hatte ich den Gedanken, hier Parsifal Abenteuer bestehen zu lassen, die Richard Wagner sonst nicht zeigt. Möglich waren Dinge der mittelalterlichen Legenden, aber auch jenes Abenteuer, um das es mir mehr ging, um die Reise durch unsere Kulturvergangenheit, und da vor allem möglichst nahe an Richard Wagner, an seine früheren Werke und die von ihm hier zurückgelassenen, überwundenen Abenteuer der früheren Helden noch einmal heranzukommen, und das vielleicht im Stil der verschiedenen historischen Inszenierungen, von 1882 bis Wieland Wagner und Chéreau, als Projektion oder Stationen der Familien- und Hausgeschichte Richard Wagners und Bayreuths selbst. Auch Ludwig-Landschaften aus den Separatvorstellungen mit südlichen Motiven standen als Projektion zur Wahl, denn Klingsors Reich war im Orient angesiedelt als Widerspruch zu den Kreuzfahrerrittern , und zur Wahl standen Motive aus den Fahrten nach Italien, zum Beispiel nach Ravello, wo Richard Wagner ausrief, hier habe er das

Reich des Klingsor gefunden, und nach Palermo und Sizilien, wo Wagner den Parsifal zu Ende schrieb, und nach Venedig. Dieses Wissen, diese Ergebnisse eigener Reisen und die Projektionstechnik, die das leicht in den Film übersetzt hätte, standen zur Verfügung, und was wäre das alte, von mir erarbeitete ästhetische System als Muster des Mythos aus der Geschichte.

Dann aber die Überlegung, ob nicht Klingsor überhaupt als Gegenprinzip der heutigen Welt auch darzustellen sei. Also als Symbol des Mißbrauchs der uns wichtigen Ideen und Utopien: Freiheit, Demokratie, Sozialismus, Revolution etc. Mehr und mehr neigte ich zur Wanderung durch ein Panorama dieser Symbole als Allegorien unserer mißbrauchten Utopien und Ideen. Das wurden dann plastische Monumentalfiguren von der »Liberté« des Délacroix und von dem Christuskopf Leonardos (eine Zeichnung zum Abendmahl) mit Hammer und Sichel, die ihn zerstören. Und das in Verbindung mit erotischen Bildprojektionen nach Rops, einer Liegenden vor dem Phallus am Kreuz in Art einer Travestie zur Venus von Tizian, dem gewünschten Traumbild Richard Wagners von seiner Kundry. Diese Projektionen waren auch gedacht als Teile einer dionysischen Welt, die der christlichen Geschichte vorausging, von ihr bekämpft wurde als zu überwindendes Prinzip, eben die Gralsgesellschaft gegen das Reich Klingsors.

Unser Parsifal geht also mit rotem Umhang zwischen diesen Alptraumbildern und Figuren seiner und unserer Abenteuer hindurch als wirkliches Vorspiel der jetzt folgenden Dinge.

Zum Apparat der Überlegungen vor ihrer Realisierung gehörten Goyas Saturn oder Koloß, so wie ja Goya später noch auftauchen sollte in Projektionen zur letzten Gralsgesellschaft mit den drohenden Fratzen aus seinen schwarzen Zimmern, alptraumhaft die Utopie umlauernd. Da dieses Vorspiel am Ende des Films gedreht wurde und die Goya-Projektionen und die Gralsgesellschaft entfallen waren, wurde auch hier anders entschieden. Geplant waren auch blutige Schlachthöfe, durch die unser Parsifal zu waten habe, oder die Wunden der Weltzerstörung anzudeuten als Teil dieser Klingsor-Welt. Auch die Pariser Oper mit ihren unterirdischen Raritäten einer Technik noch aus der Zeit Richard Wagners war vorgesehen, zum Beispiel als Platz, wo Kundry aufwachen könnte zum Ruf Klingsors »Herauf, herauf«. Das wich dann der Idee des Kopfes.

22.

Klingsor sitzt nun oben auf der Stirn – das entspricht der Turm-Idee Richard Wagners – und Kundry unten in diesem größten Hohlraum der Totenmaske, im Bretterkäfig der Stirn, steigt aus den sich öffnenden Spalten des Kopfes, aus denen Rauch aufsteigt, wie von Wagner gewünscht. Mit gekreuzten Beinen und tief in sich versunken erwacht diese Kundry, umgeben von Betonbunkern in der verkleinerten Größe von Helmen für die Klingsor-Ritter und Pfeil und Bogen des Parsifal, die sie wohl gestohlen hat, und ihrem Haarkleid aus dem 1. Akt, als eine Gewandung ihrer Mutation. (Sie sitzt dort in der Haltung von Füsslis »Schweigen und Melancholie«, zu Miltons »Verlorenem Paradies«, auch William Blakes, nach Youngs »Night Thoughts«.)

»Furchtbare Not«

Hinter Klingsor, der auf einem Stuhl sitzt, gebildet aus der von Karl dem Großen besiegten und gebrochenen vorchristlichen Irminsul-Säule, die Ruinen eines Hitler-Bunkers am Atlantik in zyklopenhaften Dimensionen als letztes und einziges Überbleibsel vieler Überlegungen zu Dias aus dem Nürnberg Hitlers.

Das ganze entsprach einer Bildphantasie aus der Zeit Richard Wagners. Alle Ausflüge, auch nach Ravello, mit den vielen Bildern als Beute, waren unwichtig geworden. Die Zeiten der letzten hundert Jahre haben ihn und uns alle überholt. Der Mythos des Übels braucht andere Bilder heute. Sie liegen in uns.

Der große Dialog Klingsor – Kundry wurde am dritten Drehtag begonnen, das heißt, es war die erste Prüfung an einer essentiellen Stelle des Films und Wagners. Ein Zusammentreffen zweier Personen und das Komplott, eigentlich üblichen Musters, zur Eroberung der Welt. Nur zweimal kurz sieht Kundry Klingsor an. Spät erst beugt sie sich weit zurück, unter ihm stehend, in der geöffneten Spalte der Stirn, aus der sie auf einer Leiter emporgestiegen war, und blickt ihn an bei den Worten: »Ich will nicht.« Das zweite Mal und kurz danach ihr kurzer Blick, scheu fast, bei: »Muß ich, muß?«, mit seiner Antwort: »Er ist schön, der Knabe.« Alle anderen Teile des Dialogs spricht sie abgewendet, teilweise mit geschlossenen Augen, liegend, vorgebeugt zu seinen Füßen zwar, aber weit in ihrem Innern des Zuhörens und der Nachdenklichkeit, wie eine Traumwandlerin, Zombie, im letzten Aufbäumen gegen die Gewalt des Meisters.

Einmal, während er seine »furchtbare Not« erklärt, legt sie sich vor ihm so auf den Rücken, daß zwischen ihnen nur der Abgrund von unüberbrückbarer Tiefe zwischen seiner und ihrer Welt ist. Und während er von den Nöten der teuflischen Triebe spricht, beugt sie sich über den Abgrund hinweg zum traumwandlerischen Kuß auf den zu seinen Füßen – wie eine Trophäe – liegenden Kopf Richard Wagners.

Vorher, als sie von Tod, Schlaf und Wahnsinn und Fluch singt, mehr zu sich selbst als zu ihm, sieht man hinter ihr, zu Füßen Klingsors, den Kopf Ludwigs II., ein anderes Opfer dieser Klingsormacht, die auch immer ein Teil dieser Figur in ihnen selbst war (Köpfe zu Klingsors Füßen: Ludwig, Richard Wagner, Nietzsche, Karl Marx, Äschylos).

Eine Dialog-Konstellation mit großen Versuchungen für unsere Boulevardfilmregisseure. Welche Konstellation. Zwei Kontrahenten, dieser Mann und diese Frau und ihre Prinzipien dahinter. Um alle diese Versuchungen zu vermeiden, ließ ich Klingsor oben sitzen auf einem unbequemen, unbegehbaren Grund, auf der Stirn von Richard Wagners Totenmaske, und ließ Kundry, von unten kommend, so auf der Leiter stehen, daß sie sich nicht wegbewegen konnte. Sie waren getrennt und nahe aneinander fixiert durch einen tiefen Spalt, der in uns ist.

24.

Hier nun erwies sich gleich ein großer Fehler der üblichen Art. Fünfmal nahmen wir dieselbe Textstelle auf, befangen von der Schönheit der verschiedenen Möglichkeiten. Fünf verschiedene Möglichkeiten, näher und ferner, einmal beide im Bild, einmal Kundry allein, ihm zuhörend

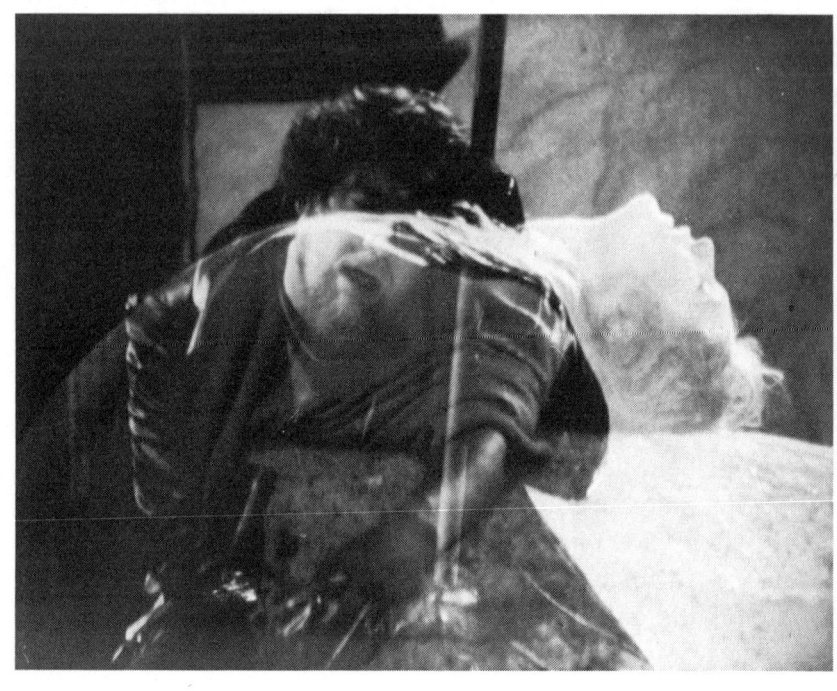

»Furchtbare Not.
So lacht nun der Teufel mein,
Daß einst ich mit dem Heiligsten rang?«

und mit bis ins Detail ausgearbeiteten stummen Gesten aus verschiedenen Perspektiven. Wie betrunken von den Motiven und Möglichkeiten dieser Gesichter und ihren Tönen und der Architektur des Kopfes. Welche Anstrengung nun, das am Schneidetisch auszuwählen, wozu wir oder ich im Studio nicht den Mut gefunden. Klingsor oder Kundry, oder beide und totaler? (Alles Möglichkeiten von großer Schönheit, gegeneinanderschneiden aber bedeutet einen hüpfenden Rhythmus, den gerade dieser Film vermeiden will.)

Das mußte uns eine Lehre werden und wurde es auch. Wer sich im Studio vor der Kamera nicht entscheiden kann, den holt spätestens im Schneideraum der Teufel der Willkürlichkeit, des Zufälligen eines schönen Bildes, der unentschuldbaren Hektik oder des vorgetäuschten Aktionismus der Stillosigkeit. Alle im Studio begangenen Sünden muß man bei der Montage bezahlen, und zwar teuer.

Das bedeutet nicht nur Verschwendung von Material und Zeit bei der Aufnahme, sondern es ist auch keine Hilfe, nachher auf die eine oder andere Variante zu verzichten, also das zu tun, was man hätte vor der Realisation tun müssen. Es sind alle Einstellungen dieser Art ohne einander nicht möglich, sie sind aufeinander bezogen, man muß also kombinieren und hätte einen üblichen Rhythmus, Stil und Dialog, wenigstens in der Montage, den ich hier nicht will.

Hier war ich noch einmal davongekommen, denn trotz Unentschlossenheit im Studio, mit vielen Varianten, half der vorher genannte Stil dieser Konfrontation, die Grundposition der Regieanweisungen in voneinander abgewendeten Haltungen, die üblichen Dialogpositionen von Schuß, Gegenschuß vermeidend. Vielleicht bekam das so einen eigenen Reiz. Für die Zukunft aber mußte das geändert werden, das war die Lehre dieses dritten und vierten Drehtages.

Wir mußten uns angewöhnen, eine Position zu wählen, und diese bis zur Perfektion unserer Möglichkeiten zu bringen, so daß wir nur noch zu wählen hatten zwischen den jeweils besseren Aufnahmen unserer Wiederholungen. Nichts durfte mit uns und dieser Wahl unserer Energien konkurrieren.

Die einfachste Lösung mußte gefunden werden, für die Kamera die einzige Einstellung, die alle Varianten einschließt, für die Darsteller jene Fassung, die sie ohne Hemmung am klarsten zeigt mit Schnitten, die – logisch und simpel – wie aneinandergehängt wirken, aber alles zusammenfassen, was sonst in komplizierten Montagen (siehe Hitler-Film) erst das ergibt, was hier selbstverständlich und notwendig aussieht. Das heißt, viel wird auszulassen und selbstverständlich Erscheinendes mit viel Mühe zu gewinnen sein. Die sich dadurch ergebenden optischen Zusammenfassungen in langen, etwas distanzierenden Einstellungen, die einfach zusammengehängt werden konnten, waren: der Kuß in der Kundry-und-Parsifal-Szene im 2. Akt, die Bogenmaschine im 1. Akt, die Speerszene am Anfang des 3. Akts, Aue und Schlußapotheose.

Das bedeutete Opfer, was Nähe, Detail und Gestik der einzelnen Schauspieler betrifft. So war der Kuß intensiver in der näheren Einstellung, auch die Umarmung bei der Bogenmaschine, und bedeutete in der Aue während der Taufe, daß wir Kundrys Tränen opfern mußten, die nur in der Naheinstellung zu erkennen wären, während gleichzeitig eine Landschaftstotale nötig war, um jenem Geist

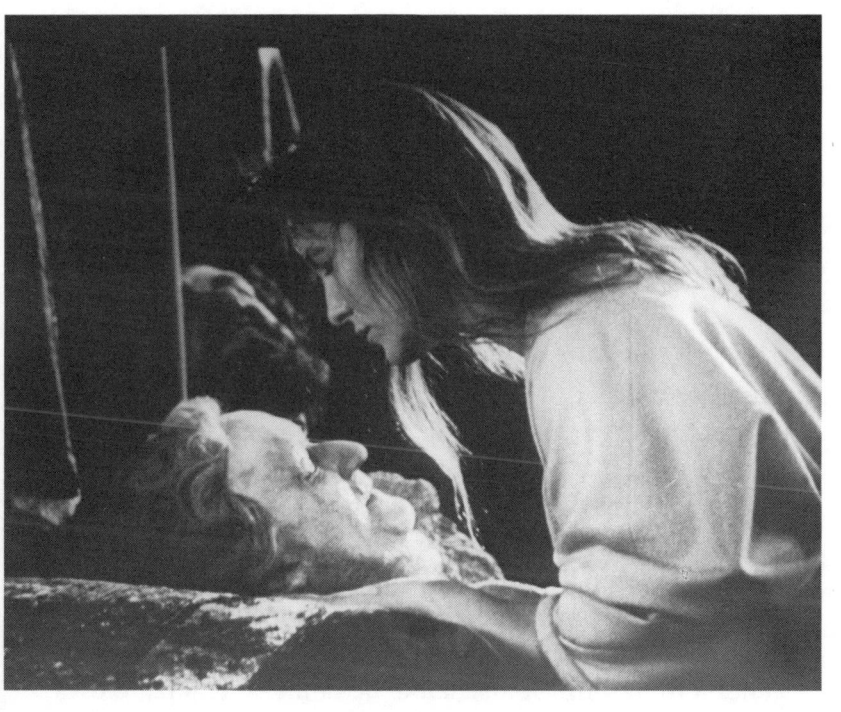

»Ungebändigten Sehnens Pein,
schrecklichster Triebe Höllendrang,
den ich zum Todesschweigen mir zwang,
lacht und höhnt er nun laut
durch dich, des Teufels Braut?«

dieser Musik, der aus dieser besonderen Landschaft kommt, zu entsprechen. Durch Schnitt wäre beides zu verbinden gewesen; nach der Idee unserer ungebrochenen, ungeschnittenen Bewegungseinstellungen konnten wir nur so verfahren. Denn wenn man fließende Bewegungen dieser distanzierten Ruhe will, kann die Kamera nicht überall zugleich sein. Daran werden wir noch in jeder dieser Szenen erinnern müssen wie an Verlust und Gewinn.

25.

Klingsor auf der Stirn der Totenmaske Richard Wagners beginnt also vor einer Projektion jener zyklopenartigen Bunkerruinen am Atlantik. Seine Ritter, die er ruft, um gegen Parsifal zu streiten, tragen Helme in Form eben dieser Betonbunker. Seinen großen Monolog spricht er vor den inneren Details von Eisenleitern und Rohren jenes Phalluskreuzes aus dem zweiten Vorspiel. Und einmal steht hinter ihm ein Wachtturm, wie von KZ-Bildern oder jener Grenze in Deutschland bekannt, die jetzt dieses Land teilt.

Das Phallusmonument aus Delos, mit den Köpfen von Ludwig bis Nietzsche an seinem Sockel, dient Klingsor als letzter Turm vor dem Zaubergarten, in den er Parsifal und Kundry schickt. Jener Zaubergarten, aus dem ich dieses Phallusmonument den Blumenmädchen wegnahm, wie auch aus dem Vorspiel, für das es einmal geplant war. Von diesem Phallusturm aus läßt Klingsor nun den Zaubergarten entstehen, den er bei Richard Wagner mit großem

Verwandlungstrick herbeizaubert; für Hollywood und seine Anhänger eine Kleinigkeit der Überblendungstechnik. Hier im Stil dieses Films ist es sein Folienmantel, auf dem wir den exotischen Garten für Parsifal und die Blumenmädchen aufblenden lassen, vergleichsweise primitiv und klein, für jedermann zu verfolgen und so, daß Klingsor sich darin und dahinter verbergen kann (sowie in den Puppenszenen im Vorspiel auf dem Mantel des Klingsor sowohl der historische Zaubergarten wie abwechselnd der historische Gralstempel projiziert wurden.) Zurück: Es sind die Blumenmädchen, die – wie vom Anfang aus dem Vorspiel, durch die Puppenszenen bekannt – in Kostüm und Maske der Uraufführung von 1882 dieses nächste Abenteuer Parsifals nun eröffnen.

26.

Die am meisten gefürchtete Szene dieser Oper war von Anfang an für mich die der Blumenmädchen und eine der ersten Ideen, Bosch zu verwenden als Gegenbild und Welt gegenüber jener van Eycks, wie er im 3. Akt zitiert wird. Von Hieronymus Bosch projizierten wir einmal den großen Festumzug im Zentrum des »Gartens der Lüste« – aber daß dieses gerade beim wichtigsten Teil dieser Sequenz geschieht, war allerdings bis zum Aufnahmetag nicht klar – und dann das Höllenzitat dazu, aus demselben Triptychon, mit dem großen Ohr, das jetzt wie eine Wiederaufnahme der Richard-Wagner-Karikatur vom Anfang des Vorspiels erscheint. Die Tradition der Opernbühne sieht hier ein Ballett vor. So war es auch 1882, wie im Vorspiel mit Puppenszenen demonstriert und zu Anfang unserer Blumenmädchen-Sequenz vorgeführt.

Von Richard bis Wieland Wagner sah man einen betroffenen, meist bewegungslosen Parsifal und, der Nervosität der Musik entsprechend, aufgeregte Mädchen »verführerisch« um ihn herum hüpfen. Meine Idee war, ruhige Mädchen und ein Parsifal, der sich durch und um sie herum bewegt. Er schaut sie an. Verführung geschieht durch Ruhe, Naivität, Unschuld mehr als durch kokettes, wildes Werben.

In unserer Zeit, in der »Playboy«, »Penthouse« und Pornofilme überall zugänglich sind und zum Leben gehören – wie will man da Verführung darstellen durch eine allegorische Frauenszene? Dieser Parsifal ist irritiert, nicht die Mädchen. So haben wir sie in den Kopf Richard Wagners eingemauert, fixiert, gefesselt mit Positionswechseln zwischen den Einstellungen, ihn verwirrend, aber vor der Kamera wie abwesend singend. In Masken und Kleidern von Mathilde Wesendonk, Judith Gautier ähnlich, als Madonnen oder Mutter mit Totenkopf an der Brust.

Es ist auch die Reise zu den gefesselten Müttern unserer verarmten Menschheit. Natur der Unschuld, die sich anbietet durch unser Begehren in der Sinnlichkeit der Musik. Sie sollten eher melancholisch sein und statisch, statt nervös, im Kontrast zur Musik.

Der Musik entsprechend waren viele Gesichter im kurzen Wechsel einzelner Rufe zu verbinden, in Ruhe und immer wieder und wieder, so daß die gerade Singende im Bild ist. Wir lösten diese Aufgabe durch Fahrten der Kamera an den Blumenmädchen vorbei, subjektiv, wie ein Gang des Parsifal wieder und wieder den Kopfspalten entlang, unter dem Kopf hindurch, oder mit langen Zoom-

In unserer Zeit, in der »Playboy«, »Penthouse« und Pornofilme überall zugänglich und zum Leben gehören, wie soll man Verführung darstellen?

fahrten und gleichzeitig entgegenkommenden Gängen des Parsifal um die fixierten Mädchen herum, und mit langen Schwenks ein ruhiges Fließen der Bewegungen organisierend bis zu Kundrys Ruf.

Die ursprünglich hierfür konstruierten Bauten jener Allegorien der mißbrauchten Wünsche, wie Freiheit, Liebe, Sozialismus, Demokratie, Republik (meist weiblichen Geschlechts), sollten hier vorgeführt werden und wanderten im Laufe der Vorarbeiten bis zum letzten Drehtag nach vorne ins Vorspiel des 2. Akts. Sie wären zuviel gewesen hier an dieser Stelle und gehörten auch eher dorthin.

Kleine Modelle zu diesen eher monumentalen Bauten in Überlebensgröße liegen dann am Fenster von Richard Wagners Sterbezimmer in Venedig, worüber das Wasser seiner Tränen fließt. Davor sitzend unsere Blumenmädchen mit den Puppen von 1882 im Arm, die historischen Kleider der Kundry-Marionette in der Hand, die sie wiegen wie Kinder der Erinnerung, mit der Projektion von Richard Wagners Totenmaske nun als aufgehenden Mond über ihnen.

Geblieben war und ist eine von früher liebgewonnene Idee, nämlich Richard Wagners Wunsch, seine Kundry ähnlich der Venus von Tizian zu sehen, hier umzusetzen in eine zu Stein gewordene Frauenplastik, auf der wandernd Parsifal nun von Kundrys Ruf aufgeschreckt wird. Den Wunsch Richard Wagners, seine Kundry nackt wie die Tiziansche Venus zu sehen, erfüllen wir nicht in der Art des Kinos unserer Tage mit nackter Darstellerin, sondern in ihrer Versteinerung der zu Natur gewordenen Frau, auf der Parsifal sich nähert.

27.

Zum erstenmal, am Ende der ersten Drehwoche, in langen
Fahrten entlang den Blumenmädchen, die so aufgestellt
waren, daß immer die singende Stimme im Bild war, an der
die Kamera vorbeifuhr, erfahren wir den Vorteil der
Videoanlage zur Kontrolle für die Exaktheit der Bewegungen und Synchronität der Kamera.

Die Mädchen, Schülerinnen, hatten drei Wochen lang
jeden Tag drei Stunden nach der Musik geprobt, ihre
Einsätze und Synchronität. Und nun sehen wir das Ergebnis. Zum erstenmal sieht man Blumenmädchen so nahe
und ruhig und jung, die Musik wird plastisch, als ob man
bildlich in ihre Nervosität der Verführung hineinführte,
jede Stimme eine Person, ein Gesicht, endlos die Bewegung, wie in Zeitlupe hindurchfließend durch Wasserblu-
men, durch die der Fisch sich bewegt.

Vieles hätte ich heute wieder anders gemacht, stehe am
Ende davor wie ein Fremder. Zu dunkel die Projektion des
Bosch, Kamera und Regie waren erst am Anfang ihrer
Zusammenarbeit. Aber aufregend, alles in allem, in so
kurzer Zeit realisiert, und im Kopf Richard Wagners, der
allmählich unserer wird, ein heiliger Berg eines phantasti-
schen Kammerspiels mit den Projektionsvisionen als Wel-
tengericht unserer Sinne. Daß diese Blumenmädchen in
der Mitte der Totenmaske Richard Wagners um die
Nase plaziert wurden, dort, wo eigentlich der Gralstempel auch gedacht war, was dann aus den vorher genannten Gründen ausfiel, so daß nun die Unterwelt unserer
Wünsche übrigblieb, an dieser Stelle, ist eine Ironie der
Entstehungsgeschichte eines solchen Films. Die Blumenmädchenszene war schon gedreht, als die Konzeption

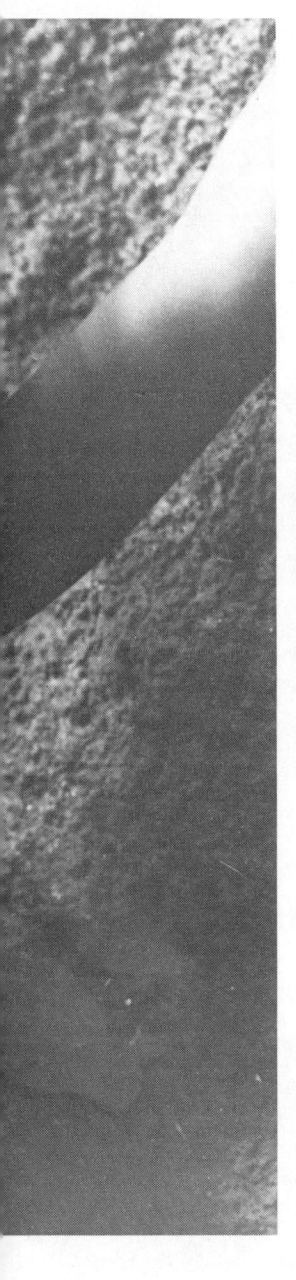

Blumenmädchen

Kundry ist endlich
angekommen in
dem Hof, der aus
den möglichst ge-
raden Wandteilen
der Maske Richard
Wagners gebaut
wurde. Das Kam-
merspiel der Ver-
führung hatte seinen
Ort gefunden.

des Gralstempels geändert wurde. Daß die Gralsleute noch einziehen an dieselbe Stelle, ist so logisch, wie es logisch ist, daß nur noch die Zeremonie der Verführung dort stattfinden kann und nicht das Heilige in heutiger Zeit an diesem Platz.

28.

Jeder Fehler führt notwendigerweise zu einer Theorie, sie muß nur gut begründet werden. Als wegen technischer Überspielungsfehler die letzte Blumenmädchenszene an ihrem Ende nicht synchron war – und nicht nur diese Szene, wohl aber diese am meisten, was zunächst einen Ausfall von mehreren Drehtagen bedeutet hätte und unwiederholbar war –, entschlossen wir uns, trotz aller Warnungen der Techniker, diese Szene auf eine mit unserer Reflexionsfolie beklebten Kugel in der Hand Kundrys zu projizieren, so daß Kundry es nun ist, sehr deutlich und auf magische Weise, die die Mädchen wegschicken kann, wegzaubern, um mit Parsifal allein zu sein. Die Asynchronität konnte so durch eine von uns hinzugefügte Unschärfe am Ende der Einstellung ausgetrickst werden. Projektionen dieser Art in Kugeln, Kugelwölbungen mißlingen normalerweise, weil sie wie eine Scheibe wirken und die plastische Wölbung der Kugel nicht erkennen lassen. Wir behalfen uns mit farbigem Zusatzlicht von der Seite, das die Kugelwölbung betonte, ohne die Projektionsfläche zu erhellen, und machten das Projektionslicht sehr schwach, was hilft. Dazu kam die Bewegung der Aufnahme mit den Blumenmädchen, die eine Fahrt in einer Schlucht senkrecht zum Blick des Zuschauers von hinten nach vorne war, so daß die Kugel einen großen Spalt zeigte mit in Nebel versinkenden Mädchen der singenden Verlockungen.

Eine Zauberei, die bei Wagner nicht so vorgesehen, aber im Sinn dieser Szene und Kundrys Magie uns allen sofort lieb wurde, durch einen Fehler entstanden und aus dessen Behebung. Bedingung war, daß wir zur Behebung dieses Fehlers uns konzentrierten auf die Mittel, die wir benutzten, und daß wir dadurch unsere Mittel aktivierten. Jeder andere Trick hätte den Fehler nur vergrößert.

29.

Kundrys Ruf an Parsifal, der gerade dabei ist, sich von den Blumenmädchen zu befreien, kommt vom Thron, den wir schon von Amfortas kennen, und aus dem Herzeleide-Wald des Vorspiels, jetzt steht er vor dem Inneren des Sternenmantels, in dem Gurnemanz im 1. Akt die Gralsvision hatte. Der Ruf kommt mit einer großen Einladung, wie der einer Königin der Nacht von oben. Die Gralsgegnerin und Verführerin Kundry tritt auf in denselben Sterneninsignien wie Gurnemanz aus der Welt des Grals, alte Traditionen der Umfunktionierung derselben Spielmittel für gegensätzliche Motive und Aufgaben wie schon erwähnt.

Die zweite Projektion zum zweiten Ruf der Kundry ist ein orientalisches Stoffdetail aus der Ludwig-II.-Welt mit Pfauenschmuck und Perlen. Parsifal erscheint am Ende der Blumenmädchenschlucht vor dem versteinerten Venuskopf von Tizian mit den Worten: »Dies alles hab' ich nur geträumt.« Und so muß es auch sein. Wie ein Traum unserer Seele.

30.

Kundry endlich ist angekommen im Hof, der aus den möglichst geraden Wandteilen der Maske Richard Wagners gebaut wurde. Das Kammerspiel der Verführung hatte seinen Ort gefunden. Zuerst, als Mutter, sitzt Kundry auf einem Vormodell zum großen Wagnerkopf von der Größe eines Steins, zu ihren Füßen die Parsifal-Puppe vom Anfang des Films, und dem Darsteller der Uraufführung 1882, Winkelmann, porträtähnlich mit gleichen Kostümen nachgebaut. Sie nimmt diese Puppe, wie ein Kind eine Puppe nimmt, und spielt unserem Parsifal die Mutter des Parsifal vor, der ihr zuschaut. Es ist mehr als Traum, es ist nahe dem Erkenntniskuß und der Welt, um die es hier geht, jenem – »Liebe gleich Tragik« – der letzten Worte Wagners vor seinem Tode, dem diese Maske entrissen wurde, in der wir nun beginnen, die Verführung zu spielen. Denn die Verführerin Kundry wurde geweckt von Klingsor, dem großen Gegenspieler der Gralsutopie, schlafend im selben Kopf Richard Wagners, aus dem sie nun emporgestiegen in sein Inneres.

Die Blicke der Kundry gehen irritierend zwischen Puppe und Parsifal hin und her. Augen, Stimme, die Verführung als Spiel mit dem Naivsten, Heiligsten, Intimsten, was sie diesem Parsifal anzubieten hat, im Kleid der van Eyckschen Madonnen und Damen und im Raum von der natürlichen Größe und Weite der Totenmaske seines Erfinders und darüber Schwarz, das Schwarz des Studios, ohne weitere Zutaten: nur Kleider der Parsifal-Puppe, Sternentuch der Mutter vom Anfang des Films, Waffen des Parsifal und sein Schild mit dem Gesicht des abgeschlagenen Medusenhaupts von Caravaggio.

So fängt sie an, die geschlossenste Szene des Films, von ca. 20 Minuten Länge, in wenigen Einstellungen gedreht, mit dem Wechsel der zwei Parsifals, die eine Welt zu überwinden haben in uns. Vorgenommen hatte ich mir einige Dias aus Ravello, historische Darstellungen aus der Zeit Ludwigs II. oder Richard Wagners Leben, für alle Fälle. Nur der Raum und die beiden Personen mit wechselnden Projektionen an allen vier Seiten und darüber das Studio in weiterer Tiefe. Ein Idealfall für die Erfüllung von Projektionswünschen nach allen Seiten, die bisher noch nie gelang. Und ich strich sie alle, die Projektionen, und es blieb dieser Raum im Innern des Kopfes und die zwei bzw. drei Figuren, von deren zwei eine Person ist, stehend wie eine Statue, während die anderen sie mit leidenschaftlichem Werben umkreisen, in der möglichsten Nähe der Großaufnahmen, wechselnd von einem Gesicht zum anderen.

31.

Während des Schneidens versuchten wir einen Ausflug von der gewählten dritten Aufnahme des großen Herzeleide-Monologs der Kundry zur zweiten, also der vorhergehenden, da die dritte in der Mitte etwas asynchron ist

Parsifal:
»Wo irrtest du hin,
ihrer vergessend, deiner, deiner vergessend?
Traute, teuerste Mutter!«

Kundry:
»Die Liebe lerne kennen,
die Gamuret umschloß,
als Herzeleids Entbrennen
ihn sengend überfloß! –
Die Leib und Leben
einst dir gegeben
der Tod und Torheit weichen muß . . .«

»... sie heut –
dir heut
als Muttersegens letzten Gruß ...«

»... der Liebe ersten Kuß.«

und die zweite nicht nur synchroner, sondern uns andere Besonderheiten zu bieten schien, die uns zeitweilig lieber waren. Nach öfterem Anschauen wurden die Unterschiede klar, und es war interessant, die verschiedenen Darstellungsmöglichkeiten dieser Kundry zu sehen. In der zweiten Aufnahme spielt sie mit der Parsifal-Puppe im Arm unserem Parsifal die Mutter vor und triumphiert am Ende mit Verbeugung und Lächeln der Verführerin über ihren Erfolg.

In der dritten, nun doch wieder gewählten Version ist sie die Mutter und spielt, mit einer Puppe sprechend, mit solcher Intensität, daß am Ende kein Triumph des Spiels mehr nötig und möglich ist. Diese Kundry ist die Mutter, wie sie später die triebhafte Verführerin ist, in ihrer Not mit ihrer tragischen Lebensgeschichte an Christus gekoppelt, in einer verfluchten Existenz. Sie spielt nicht, sie *ist* die verdammte Seherin des Untergangs in uns. Getriebenes Opfer ohne Wahl in den sich ablösenden Existenzen ihrer getriebenen und gleichzeitig glanzvollen Verdammnis.

32.

Von Anfang an war uns klar, daß die dramatischen Dialoge zwischen Kundry und Parsifal I und II in ihrer Länge insgesamt und in den einzelnen Teilen der Textausschnitte viel von unseren Zeitnöten aufholen müßten. Lange Einstellungen brauchten nur einmal eingeleuchtet zu werden, bringen aber viele Minuten des Pensums.

Gerne strich ich alle Projektionsideen, die hier als

Hintergrund und Hilfe von Kundrys Verführungsangeboten vorgesehen waren für alle Fälle – Projektionen verschiedenster Art: von fremden Ländern und Stoffen Richard Wagners mit historischen Bezügen –, da der Raum in der Art eines Kammerspiels so geschaffen war, daß er, aus geraden Kopfteilen in viereckigem Quadrat aufgestellt, die größte Askese und Konzentration für diese wichtige Szene bieten konnte.

Nur zwei Personen, wovon die eine wechselt von Parsifal I in Parsifal II, in der Mitte des Vierecks, dieser Spielkammer im Kopfe Richard Wagners. Diese Askese als Kontrast zum üblichen Verführungsdekor und Zaubergarten Wagnerscher Tradition und Erwartung. Die Bewegungslosigkeit der Parsifal-Figur erlaubte Kundry, in großen Bögen den Raum in drei Einstellungen von ca. je 8 Minuten Länge nach allen Seiten zu benutzen. Diese ungewöhnlich langen Kameraeinstellungen verfolgen die Figur der Kundry, die jene des Parsifal kreuzt, sich ihm annähert oder von ihm entfernt, sich vor ihm niederwirft oder sich tief verbeugend, ihn umarmend an ihm ab- und aufgleitet, mit teilweise komplizierten Schärfebewegungen der Kamera.

Das alles gibt uns Gelegenheit, die Präzisionsarbeiten der Darstellerin der Kundry genau zu verfolgen und verlangte äußerste Anstrengung für die Synchronität, besonders wegen der Länge der Einstellungen und Größe des Gesichts aus besonderer Leidenschaft der Musik gerade hier. Wobei die Synkopen der Musik und ihre Ausbrüche in Schreie und Flehen eine Leidenschaft verlangen, die in diesem Film unvergleichlich ist. Diese durch ihre besondere Länge und Nähe der Kameraposition kontrollierbaren Passagen großer Leidenschaft – die gefürchtetsten und berühmtesten Teile der Rolle – ohne Tricks vorzuführen, wie sie kurze Einstellungen mit Mogeleien vielleicht verstecken, beweist allein in diesem Abschnitt der Rolle jene Qualität der Darstellung, die die Dimension dieser Figur braucht. Hier ist eine durch die Disziplinierung der Musik kontrollierte Größe abverlangt, zu der wir sonst heute kaum den Mut hätten. Kundry ist im ersten Teil vor dem Kuß ganz Mutter, als erster Akt der Verführung, und im späteren Teil konfrontiert mit einem weiblichen Parsifal in seiner ganzen Härte, die sie unser Mitleid gewinnen läßt gegen diesen Parsifal und dessen nahezu unmenschlich wirkenden moralischen Forderungen, die man erst später im dritten Teil einzusehen versteht, wenn Kundry selbst dazu aufruft. Und das Ganze im Geiste dieser Musik, deren Sympathie eher auf seiten der Verführerin hier, und im 3. Akt auf seiten Parsifals zu liegen scheint.

33.

All dies war nur möglich gewesen in diesem Furor äußerster Konzentration und hellsichtiger Energieentladung, in einer langsam anwachsenden, unhierarchischen Zusammenarbeit des Teams im Geiste eines intuitiven und hoffentlich meditativ richtig erkannten Wurfs. Mir wird schwindlig, wenn ich überlege, was wir eventuell versäumt haben. Aber jedes Produkt, so auch diese Arbeit, kann nur das Resultat seines Budgets sein, das heißt der Zeit, die man dafür hat.

So wäre es bei mehr Zeit möglich gewesen, jedes Wort, jeden Satz gemeinsam noch ganz anders festzulegen, diese langen Texte, die Gesichtsbewegungen, die Augen, wie z. B. bei Armin Jordan jeden Wimpernaufschlag, oder bei den beiden Parsifals Wort für Wort zur Ansicht der Probenbänder, da sie fixiert waren an einen Ort, also ohne Bewegung, anders als Kundry, die erst im Raum ihre wahre Dimension und Bewegung und Ausdruck finden konnte.

Vielleicht war es auch die Freude, bei den Videoproben von Edith Clever nicht eingreifen zu wollen in diese Einheit großer, schon erreichter Kunstnaivität, wie sie es vielleicht selber nicht einmal ahnte. Dahinter wußte ich aber die Basis unserer einjährigen, immer wieder aufgenommenen Diskussionen über Sinn und Möglichkeiten von gesungener Sprache und deren Darstellung durch eine andere Person.

Auf dieser Basis unserer Grundabsprachen und der Probenergebnisse und eingeschränkt durch die Zeitnot (über vier Stunden Film in 35 Tagen, d. h. acht Minuten Tagespensum), ergab ich mich der Freude dieser Arbeit, hier entsprechend meiner Ansicht, daß oft, nach Lage der Realität, nicht alles möglich ist zu verwirklichen, vieles zu ändern wäre, daß aber nie an etwas, das am Ende so geschaffene und so gewollte Realität, Gegenrealität zu unserer Welt wird, der Zweifel aufkommen darf, es sei etwas anderes besser oder auch nur denkbar. Alles muß in einem Umfeld des Vorher und Nachher aufgehen und von gleicher Verantwortung getragen werden, so daß es gar nicht mehr anders sein könnte und nur so möglich und richtig ist. Es gehört zur Solidarität der einzelnen Teile untereinander, daß sie sich helfen, eine Einheit werden, nach allen Seiten begründet, leitmotivisch untereinander verarbeitet, verschränkt und alles vorher einmal Gedachte

»Ich sah – Ihn – Ihn –
und . . . lachte.«

»Da lach ich, lache
kann nicht weinen.«

»Nur schreien, wüten,
toben, rasen
in stets erneuter Wahnsinns-Nacht, . . .«

»Laß mich an seinem Busen weinen,
nur eine Stunde mit dir vereinen, . . .«

Der Sänger-Film
ist das Gegenteil
des hier
Gemeinten.

Der Sänger-Film dokumentiert die Arbeit des Singens. Hier, in diesem Fall, projiziert die Phantasie des Zuschauers in das klingende Bild hinein, was er hört.

Man vergleiche die üblichen Fotos von den Bühnensängern und
aus ihren Filmdokumenten. Aber das Bild dieses Films ist nicht
das im Standfoto zustande gekommene Quadrat, sondern der
Fluß, die Abfolge, die entsteht aus . . .
Und das wird man auch hier erkennen müssen in diesen Bildern.

»So war es mein Kuß,
der Welt-hellsichtig dich machte?«

»Mein volles Liebes-Umfangen
läßt dich dann Gottheit erlangen.«

Parsifal II:
»Es starrt der Blick
dumpf auf das Heils-
gefäß . . .«
Der weibliche Parsifal
übernimmt die
schwierige Aufgabe.

unmöglich und absurd wird. Eventuelle Fehler müssen durch andere Szenen so aufgesogen werden, daß sie zu absichtsvollen Taten werden und zu einem System, wie gewollt erscheinen.

34.

Edith Clever, die am Tage eines ihrer größten Texte, in einem Gespräch mit den »Cahiers du Cinéma« von Enttäuschung sprach, Enttäuschung ihrer Erwartungen in Richtung Experiment – der Kult des Experiments, wie gesagt, uns Deutschen doppelt lieb aus Angst vor dem Absolutheitsanspruch dieses Werks, und Kunst überhaupt, nach unserer Vergangenheit – war sicher ungerecht gegen sich selber. Und wir mußten weiter, trotz mancher sonst vielleicht möglichen Diskussionen und Klärungen. Sicher war es keine Koketterie und eher eine tiefe Versunkenheit in Detailblindheit während der Arbeit und Angst gegenüber der eigenen Tat, die sie, einmal in ihrer Größe ans Licht des Tages gekommen und nun der Zerstörung anheimgegeben, lieber selbst und vorher vorsorglich zerstörte durch Zweifel. Denn es ist nun eine Tat dieser Kundry und sicher kein Experiment, sondern ein Meisterwerk von Weltendarstellung statt Personencharakterisierung; so hätte ich mir die Sarah Bernhard oder einst die Duse vorgestellt, zumindest hätten sie auch Freude daran, was Musik möglich macht, das sonst und heute und andern unerlaubt ist.

35.

Der Wechsel von Parsifal I in Parsifal II erfolgt wie geplant, über die Projektion einer Richard Wagner-Totenmaske (originale Maske aus Bayreuth, Wahnfried-Museum), aus der der weibliche Parsifal II nach dem Kuß, unter Anrufung der Wunde durch Parsifal I, kommt wie ein Schatten vortretend und Parsifal I wie ein Schatten verschwindend, das langsame Verstummen des einen und das langsame Atemgewinnen des anderen, in senkrechter Achse zur Kamera, von hinten kommend und nach hinten zurückgehend in die Kopfspalten der Unschärfe unserer gebauten Totenmaske des Richard Wagner.

Der weibliche Parsifal übernimmt die schwierige Aufgabe der Abweisung dieser Kundry, ein größeres erotisches Leiden entsteht, als es je mit einem männlichen Parsifal möglich gewesen wäre, auf einer ganz anderen Ebene der geistigen Sublimierung. Es geht nicht allein um das Geschlechtliche unserer beiden Pole, es ist, als ob die Elemente, nicht nur die des Weiblichen und Männlichen, sich zusammengetan, um hier zu siegen gegen das Urprinzip der Verführung, die uns so nahe und lieb ist.

Es ist nicht mehr die Zurückweisung des Weiblichen durch den Mann, es ist, als ob der bessere Teil Kundrys selbst nun sie ermahnt, wie in einem inneren Monolog. Alte biblische Vorstellungen vom Bösen in der Frau, und das gleich ewiger Jude, wie Richard Wagner es seiner Zeit entsprechend und aus besonderer persönlicher Kultur- und Kampfsituation heraus beschrieb, gehen nun nicht mehr auf. Die schwierige, gedankliche Aufgabe war und ist gelöst, so wie ich sie mir seit langem gestellt hatte für diesen Fall, auf ganz praktische und anschauliche Weise.

Diese langen Einstellungen brauchen nicht nur einen langen Atem für die Konzentration der Schauspieler, sondern auch für das Kamerateam mit Schärfenzieher und Dolbyfahrer, nach den Gesetzen der Musik oder Regiekonzeption. Das Videosystem, das wir bei den Aufnahmen benutzten, das auch hier das jeweilige Bild der Kamera zu jedem Zeitpunkt der Kamerastellung übertrug, garantierte wieder, die Zwischenphasen zu kontrollieren, also den Kameraausschnitt, die Schärfe und Bewegung zur Musik, nach jeder Aufnahme, und zu korrigieren, eventuell, so daß eine Überraschung später am Schneidetisch, dann kombiniert mit Musik, ausblieb. Nach jeder Aufnahme wußten wir alle, was wir hatten. Igor Luther erwies sich mit seinem Team als besonders geübt für diese Schärfenverlagerungen und sensiblen Übergänge in Fahrten und Schwenks, immer in Zusammenarbeit mit einem erstaunlich konzentrierten Team von Dolbyfahrern und Assistenten und Beleuchtern, die auf kleine Winke hin zur rechten Zeit das Licht wie gewünscht und zur Musik veränderten. Meine Übung in langen und komplizierten Fahrten während früherer Fernsehexperimente kam mir nun als Spezialität und Erfahrung zugute, wie nämlich zur Musik Richard Wagners diese Bewegungen langer Bögen mit vorsichtigen Übergängen am besten befolgt wurden. Für die Darsteller, welcher Herkunft auch immer, war es anstrengend, aber der große Beweis für ihre Konzentrationsfähigkeit und Qualität. Eine mögliche Freude für Eingeweihte und hoffentlich übertragbar auf den naiven Zuschauer. Die Bilder ziehen den Zuschauer hinein in die Musik, wie die Töne in die Bilder, ohne Flucht der Ironie und mit einer Askese, die sich langsam und logisch seit meiner Ludwig-Oper mit Hilfe Richard Wagners entwikkelte. Das eigentliche Stilprinzip dieses Films ist der Musik entsprechend wohl das der Bewegung, unendlicher Bewegung von Personen, Blicken, Kamera, Licht, Schärfe usw.

36.

So wie es nötig war, einen Raum zu schaffen, leer und nur für die spielenden zwei Personen mit jenem Wechsel von einem Parsifal in den anderen, so war es nötig, einen Raum mit einer Öffnung zu bauen für jenen Wechsel. Und wenn wir ohne Schnitte auskommen wollten, nur mit Pausen für Rollenwechsel und zum Atemholen, dann mußte eine Konstellation geschaffen werden ohne Gegenüberstehen der Figuren, damit die übliche Schnitt-Gegenschnitt-Situation nicht entstand und doch beide Figuren zum gleichen Recht ihres Bildes kamen, entsprechend ihrem jeweiligen Text. Parsifal steht also unbeweglich, und Kundry umkreist ihn. Die Situation war geschaffen, die Musik war gegeben, dies Drängen und Kreisen und die Konfrontation.

Und wieder Blicke. Kundry sucht den Blick wie Parsifal, als sie sich zum ersten Mal gegenüberstehen. Parsifal: »Entblühtest du auch diesem Blumenhaine?« Antwort Kundry: »Nein, fern, fern ist meine Heimat . . .«, beide mit dem Blick nach unten. So auch, wenn Parsifal die Frage an sie richtet am Ende, und Kundry, bevor sie antwortet. Also wenn schon ein Gegenüber – und das kann von höchstem Reiz sein –, dann mit gesenktem Blick. Diese Konstellation Kundry + Parsifal in seiner ersten männlichen Erscheinung war nicht mehr zu steigern und konnte nur deshalb so weit getrieben werden in der

Mutter-Sohn-Erkenntnis und in der Initiationskatastrophe von Wunde und Sehnen und Qual der Liebe nach diesem Mutterkuß an ihrem Busen, weil ein anderer Parsifal kam, das alles zu lösen, auf anderer Ebene weiterzuführen.

Noch einmal wagt Kundry einen Blick in die Kamera, wenn sie in höchster Not sein Auge, das Auge des geschmähten, verlachten Christus, auf sich ruhen fühlt. Die Steigerung von Kundry erreicht im Bereich der Darstellung wohl jene Möglichkeiten, die diese Musik als höchste Ebenbürtigkeit braucht, gut gestützt und vorbereitet durch die Naivität ihrer Partner, und im Umfeld, das dies ermöglicht. Es ist der Moment, in dem Nietzsche den ganzen »Parsifal« zusammenbringt mit dem Wort vom »schwermütigen Blick der Liebe«.

Der Schluß dieser Konfrontation mit Parsifal in seiner weiblichen Gestalt, in dem Fluch des zweimaligen »Irre, irre«! und in der wahnsinnigen Trauer ihres eigenen Weges ist wohl kaum größer zu denken. Das geschieht vor dem Wagner-Auge der Totenmaske, in dem sie im 1. Akt in embryonaler Haltung einschlief.

Und der Akt endet hier in Klingsors sterbender Umarmung Richard Wagners an seiner Nase, mit dem kraftlos fallengelassenen Speer, denn er muß sehen, wie Parsifal seine Kundry trotz der Vorgeschichte wegträgt, in der Gestalt der Athene nun, der aus dem Kopf des Zeus geborenen Athene. Und auch zugleich zurückbleibend in anderer Gestalt, die andere Kundry, mit einem Wahnsinnsblick gebeugt über die Gralskugel mit dem Lebensbaum unseres Kelches in der Mitte des Irrgartens. Eine Kundry, die sieht, wie Parsifal sie wegträgt.

Und noch ein Parsifal, der erste, geht mit dem Speer, voll Mitleid auf sie schauend, hinter den beiden her, zwischen die als große Säulen projizierten Beine, mitten in sie hinein und durch sich selbst hindurch, die Frau als Abenteuer, das er zu bestehen hat.

Dieser 2. Akt endet so, einige Sekunden nach Ende der Musik des zusammenstürzenden Klingsorreiches und nach dem eigentlichem Aktende Richard Wagners, mit den wiederaufgenommenen Glocken, wie wir sie vom Grals-tempel aus dem 1. Akt zur untergegangenen Welt kennen, die Musik, die den nach dem Gral suchenden Parsifal begleitet. Und wir wissen, zu welchem Ende von Anfang an. Das Abenteuer dieses Parsifal ging mitten durch die Frau hindurch, die Frau als Urbild der Welt und des Lebens, die Musik ist weiblich. Und der Blick Kundrys geht in die Weite, wie am Anfang und Ende dieser Welt.

37.

Noch einmal zurück. Zu den Blicken. Während der Ant-wort Kundrys auf den großen Amfortas-Monolog von Parsifal I und Parsifal II, den sie mit »Grausamer« begann, bewegt sie sich in einem großen Bogen durch den ganzen Raum, von rechts nach links, um den Parsifal herum und weit von links zur Kamera und zurück zu Parsifal, vor dem sie niederkniet. Es war ausgemacht, daß sie den Parsifal nicht aus den Augen lassen dürfe, wie die Schlange das Opfer, nur unterbrochen von ihren Einlagen im Text und Blicken, wenn sie von ihrem Christuserlebnis, dem Lachen und Fluch und seinem Blick spricht. Eine Abkehr von der Blickfixierung auf Parsifal, die sie den Sieg der Verführung kosten soll und wird, während Parsifal sie nie ansieht.

Zu Parsifal:
»Oh! – Qual der Liebe!
Wie Alles schauert, bebt und zuckt –
in sündigem Verlangen!«

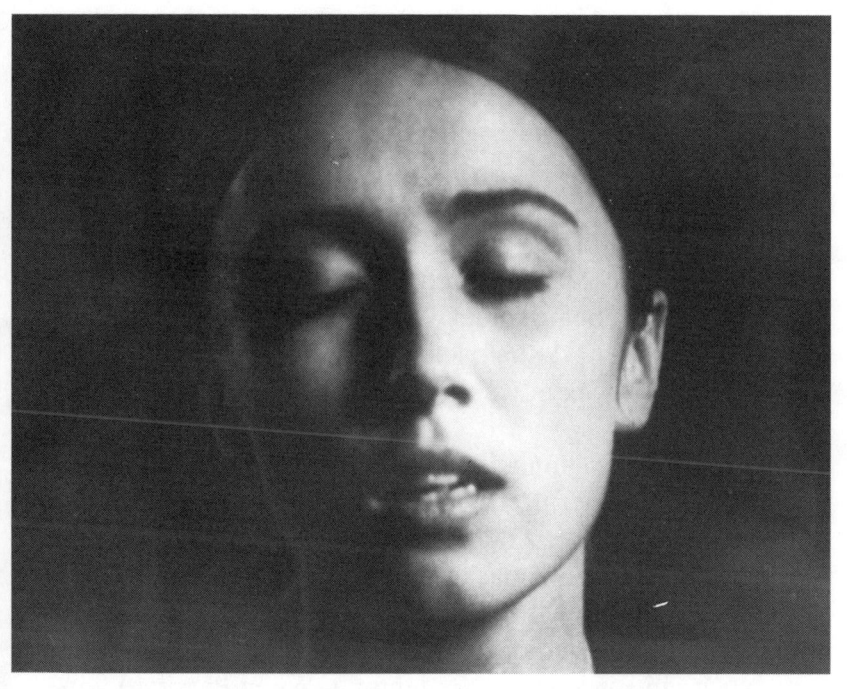

»Erlöse, rette mich
aus schuldbefleckten Händen!«

Es ist dieser »schwermütige Blick der Liebe«, den Kundry hier, selbst zur Heiligen werdend, direkt in die Kamera und zu jedermann wagt, alle üblichen Gesetze des Spiels, der Handlung und des Dialogs brechend, die heißen, man schaue nie in die Kamera, was sie hier dieses Spiel und die Handlung kostet. Es ist der schwermütige Blick der Liebe dieser Parsifalmusik, von dem Nietzsche spricht, mit dem sie in einer Imitatio Christi ihm gleich wird, und der hier den Sieg kostet, den Sieg der Verführung – ihr, der Christusgegnerin.

Nur einmal in der darauffolgenden Einstellung unterbricht sie dieses System durch Zufall während einer Probe, von mir heftig beanstandet – von einigen Mitarbeitern als schön gepriesen, deshalb leider mich überredend – wo sie beide Seite an Seite, Kundry wie Parsifal im Profil, in die Weite sehen.

Schön, aber Schönheit ohne Logik und daher ein Fehler, der sicher in einer nächsten Wiederholung von mir korrigiert worden wäre, zu dem es nicht kam aus Zeitmangel. Man muß manchmal nachgeben wider Willen, und wehe, wenn die Zeit zur Korrektur fehlt; so wurde es mein Fehler und von mir zu verantworten.

Noch ein Blick ist von Bedeutung. Wenn Parsifal I von der Wunde spricht – in seinem Herzen! – und von der Qual der Liebe mit jener unnachahmlichen Sehnsucht, an die Richard Wagner nun appelliert, das furchtbare Sehnen, um das es eigentlich überhaupt hier geht, von Klingsors Leiden und Not bis zur Gralsgesellschaft, da mußten wir wegen Rollenwechsels schneiden, um zu jenem Wechsel von Parsifal I und Parsifal II bereit zu sein. Und da gibt es einen Umschnitt auf Kundry zum Neubeginn der nächsten Rolle, die zuhört: mit geschlossenen Augen, sich senken-

»Erlöser! Heiland! Herr der Hulden!
Wie büß ich Sünder solche Schuld?«

dem Kopf noch die beiden Hände vors Gesicht nehmend. Eine dreimalige Verhüllung des Blickes und Kopfes, selbst vor dem sie nicht einmal ansehenden Parsifal und vor der Kamera seitwärts abgewendet, also eher weg, als fühle sie Scham und Angst und Andacht und Wissen vor den Dingen, um die es hier geht: dem heiligsten Fluch ihres unendlichen Sehnens, das sie auf diese Weise verhüllt in unmenschlicher Konfrontation mit der Idee ihres anderen Wesens, das sich erst lösen wird, erlösen in den Tränen des 3. Akts, soweit sie sich in das Spiel dieser Rolle und dieses Stücks einzulassen imstande ist.

38.

Bei ruhiger Betrachtung der Bildabfolge des 2. Akts Kundry + Parsifal fällt auf, wieviel wir trotz gewaltigen Tagespensums doch festgelegt an Bewegungen, in Blicken der Augen, von Händen, Hinknien, Umarmungen, Kopfhaltungen, Herumgehen. Und wir sehen in Probenfotos, wieviel in der kurzen Zeit diskutiert, vorgemacht, erfunden, nachgedacht und mitgebracht wurde. Und es ist wohl diese Intensität, die es möglich machte, nur einmal, eine melancholische Intuität, die nicht wiederholbar ist ohne das Umfeld des Davor und Danach.

Wir legten diesen Dialog Kundry + Parsifal in die Mitte der Aufnahmezeit, vor den 3. Akt also, mit großem Bedacht, nach einigen Wochen gemeinsamer Erfahrung. Nur diese Intensität konnte das Manko der fehlenden Zeit ersetzen, und es entstand als Freude etwas Seltsames, was zur Freude selbst nicht reichte wegen Zeitmangels und Not der Angst durchzukommen. Ohne Liebe geht es nicht, und diese Regie hat damit zu tun, was jede Regie vergessen macht.

Kundry, die am Anfang die Mutter ist und nicht als Teil einer Verführung, mußte scheitern vor dem Nein des Sohnes Parsifal, der nicht Sohn sein will und nicht Liebender sein darf. Es ist die erste Stufe der tragischen Liebe, von der Richard Wagner ahnend schrieb. Das ist keine Verführungsstrategie mehr, eher ist es schicksalhafte Tragik jenes Sehnens, das so vielleicht nur Musik und in solchen Momenten auszudrücken vermag.

Da ist endlich keine Verführung mehr, sondern sich steigernder Zwang der Nöte unserer unlösbaren Bestimmung zur Liebessehnsucht, rettungslose Fatalität in ihren verschiedensten Stufen der Erfüllung. Die Augen des sich nähernden Parsifal zu Beginn der Verführungsszene lassen wir niederschlagen, die Augen der Kundry im Umschnitt ebenfalls, und scheu von unten aufheben, so daß zwei tief Betroffene sich gegenüberstehen. So demütig wurde noch nie ein Parsifal verführt, es geschieht aus Trauer trotz aller Leidenschaft, und wenige Schnitte sollen diese große Ruhe nur unterstützen.

39.

Und nun mag etwas vielleicht zu sagen erlaubt sein, was diese Kundry der Edith Clever ins Zentrum Wagnerschen Kunstwillens rückt.

Als reifer Mann und immer wieder hörte Richard Wagner nicht auf zu beschreiben, wie sehr ihn »die dämonische

»Hilfe! Hilfe! Herbei!
Haltet den Frechen! Herbei!
Wehrt ihm die Wege!
Wehrt ihm die Pfade!«

»Und flöhest du von hier, und fändest
alle Wege der Welt . . .«

»Irre!«

»Irre!«

»mir so vertraut —«

Richard Wagner über Wilhelmine Schröder-Devrient: »Durch diese wunderbare Frau ist mir der rettende Zurücktritt des in vollster Selbstentäußerung verlorenen Bewußtseins in das plötzliche Innewerdens des Spiels in welchem sie begriffen war, in wahrhaft überraschender Weise bekannt geworden.«

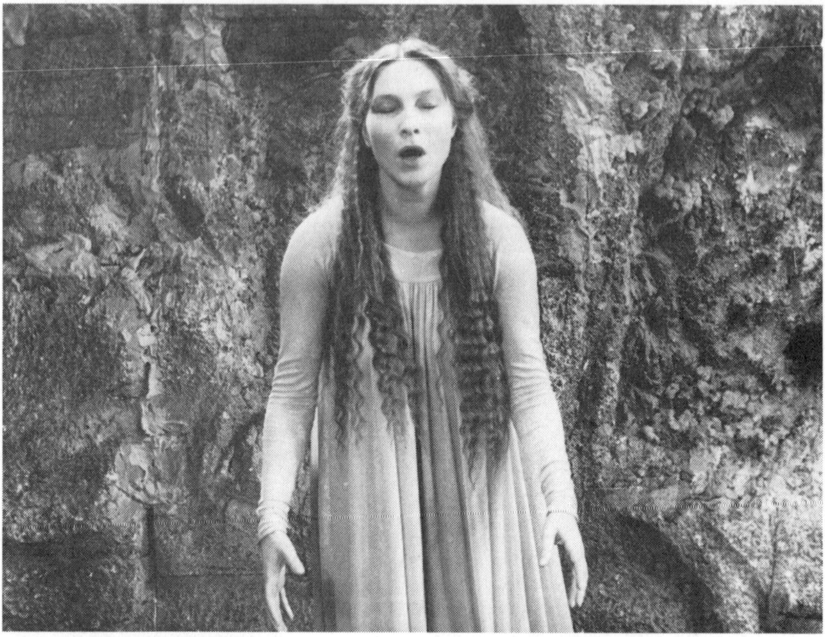

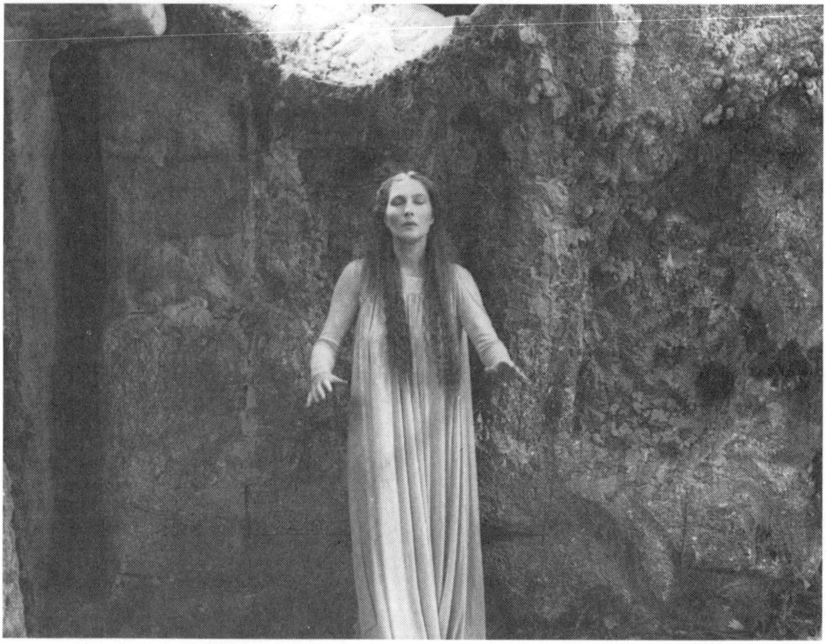

»Nein! Sie hatte gar keine Stimme. Aber sie wußte so schön mit ihrem Atem umzugehen und eine wahrhaftig weibliche Stimme durch ihn so wundervoll tönend ausströmen zu lassen, daß man dabei weder an Singen noch an Stimme dachte.« (Richard Wagner in »Mein Leben« über Wilhelmine Schröder-Devrient.)

Wärme und menschlich-ekstatische Leistung« im Auftritt der Sängerin und Schauspielerin Wilhelmine Schröder-Devrient für sein ganzes Leben betroffen gemacht habe, so daß er einen frühen Schwur bekannte, mit dem er ihr sein Leben und Werk zu Füßen legte, und bestätigte, daß nämlich der Eindruck ihres Auftritts ihn zu vielen seiner späteren Absichten bewogen habe.

Wer die Worte Richard Wagners über Wilhelmine Schröder-Devrient ernst nimmt, wird auf gespenstische Weise diese Kundry hier wieder erkennen. In den frühen Jahren schon hatte RW eine Oper mit Titel »Die Sarazenin« für W. Schröder-Devrient überlegt. Es mag auch erlaubt sein, daran zu erinnern, wieviel Gewicht Richard Wagner auf die schauspielerischen und dramatischen Komponenten der Figuren im Darstellen der Musik und deren gestische Charakterisierung für seine musikalischen Absichten gelegt hat und wie verzweifelt er über deren Ausführung war, immer wohl verglichen mit seinem Urbild, dem er sein Werk gewidmet hatte.

Was ihn, den Komponisten nämlich, an dieser Darstellerin bewegte, war nicht die Stimme, sondern die aus der Musik übersetzte sinnliche Vergeistigung der Musik im anschaulichen Ausdruck. Er wollte die »große Tragödin«, die »so schön mit ihrem Atem umzugehen wußte und eine wahrhaft weibliche Seele durch ihn so wundervoll tönend ausströmen zu lassen imstande war, daß man dabei weder ans Singen noch an die Stimme dachte«!

Unbestreitbar ist auch, daß diese Kundry im Werk Richard Wagners von zentraler Wichtigkeit und Größe ist. Schon in den ersten Erwähnungen des Parsifal bis in den Text des späteren 2. Akts hinein spricht Wagner von »wunderbarem weltdämonischem Weib«, »Urteufelin,

Höllenrose«, jener Charakterisierung der dämonischen Wärme und ekstatischen Glut der Schröder-Devrient ähnlich wie keiner anderen seiner Figuren, so daß man sich fragen kann, ob nicht hier das Urmotiv seines jugendlichen Kunstschwurs endlich eingeholt, zur endgültigen Realität aber erst wurde in dieser Kundry aus Yvonne Minton + Edith Clever, die nun auch optisch Wirklichkeit werden konnte. Es wäre die endgültige Verwirklichung seiner musikalisch-geistigen Erfindung mit unseren Mitteln, in der Ton-Bild-Montage einer solchen Urfigur, in der alles zusammenkommt, was je Richard Wagner wollte, versuchte und erlöste: die ideale Stimme und die Verkörperung seiner Absichten in einer Sängerin wie Yvonne Minton und dieser Edith Clever als Darstellerin der Musik, wie zwei Komplizinnen derselben Idee von Kunst.

Erinnern wir uns an den selbstgestellten Anspruch, Musik sichtbar zu machen, wie nie gehört, und Bilder, wie noch nie gesehen. Und so stellvertretend zusammengenommen in einer Person nun. Die von Richard Wagner als versuchende Frau und Sinnbild des ewigen Juden verfluchte Kundry nicht als erlösende Frau, sondern selbst erlöst? Diese Kundry als Primadonna assoluta des Wagnerschen Wahn-Sinns?

Auf der Stufenleiter der Selbsterlösung die tödliche Erkenntnis von der Unmöglichkeit der irdischen Liebe. Im Pillenzeitalter der partnerschaftlichen Regelungen und Pornographie wird Verführung zum musealen Sentiment vorübergegangener Lebensepochen und gewinnt in der Rache unserer sich auflehnenden Psyche neue Abgründe der Erkenntnis.

Dieser Parsifal erreicht die erste Grenze des unlösbaren Tabus und des unerhörten Angebots der Mutterliebe durch diese Kundry. Es ist die erste Stufe wiedergewonnener Liebessehnsucht in der Naivität der Naturerinnerung.

Die nächste Stufe aber ist jene – und sie bedarf eines neuen Parsifal, des anderen eben – des Liebesverlangens an sich mit dem Gelächter und Fluch des Scheiterns in den unübersteigbaren Tabus, das auf dem Wege zur absoluten Sehnsucht als Opfer der Erkenntnis von der Unmöglichkeit der Liebe hier gebracht werden muß, als Opfer für den Gral. Es ist das unübersteigbare Tabu des Unerreichbaren, des unerfüllbaren Sehnens in alten Metaphern und neuen Dimensionen unserer Möglichkeiten.

»... in Trauer und Trümmer
stürz er die trügende Pracht!«

Die Unschuld, Reinheit, Narrenhaftigkeit dieses Parsifal von heute wird danach bemessen werden, wie weit es ihm gelingt sich den Konsumideologien und den Verführungen der Freaks unserer Selbst-Zerstörung siegend zu entziehen – durch schamvolle Zugänglichkeit der Liebe.

Parsifal:
»Du netztest mir die Füße,
nun netze mir das Haupt der Freund!«

Eros der Tränen

3. AKT

VORSPIEL

Die große Glaskugel als Krone des Baums, der den Gralskelch bildet, über die Kundry am Ende des 2. Akts ihren Blick senkte, und die den Baum des Lebens enthält, gewachsen aus der Mitte des Irrgartens, aus dem am Ende dieses Films einmal Bayreuth entstehen wird, vereist und in der Landschaft eines Hieronymus Bosch. Das ist das erste Bild des 3. Akts.

Das weitere Abenteuer des Parsifal, das Irren, die Irrnis, wie er später sagen wird, durch die er hindurch muß, haben wir zusammengezogen zu zwei Einstellungen. In der ersten schwenkt und fährt die Kamera von jenem Baum der Gralskugel weg durch die vereisten Trümmer der Totenmaske Richard Wagners hindurch zu der Stelle des Hofes, den wir aus der Verführungsszene Kundrys mit Parsifal kennen, und sehen nun Parsifal gehen im Schneesturm, aus einer Schlucht des Kopfes und in eine andere verschwindend, vor und in Projektionen, die diese Kundry zeigen, wie sie Edith Clever zu bieten imstande ist, herkommend aus ihren früheren Existenzen, die uns aus ihrem Bühnendasein als Fotos vorlagen, hineingemalt in Wände von Venedigs Untergang, Bilder ihrer Theatergeschichte, von Äschylos bis Botho Strauss.

Die technische Ausführung dieser Projektionen wurde eine der schwierigsten des Films, weil wir dreimal das Dia wechseln mußten in einer sich bewegenden Kamera mit Auf- und Abblenden der vier Projektionen, um einen auf Zeichen und Zuruf durch diese Landschaft hindurchgehenden Parsifal in einem fast 360-Grad-Schwenk zu verfolgen. Parsifal, mit Kundry als Bündel seines Lebens auf dem Buckel, das er durch Schnee und Eis trägt, eingewikkelt in das Sternentuch des Herzeleide-Anfangs.

Nach Darstellung der Äschylosschen Mord-und-Totschlag-Welten mit spitzem Degen in der Hand der Klytemnestra und durch die stille Nachdenklichkeit aus »Groß und Klein« gelangt Parsifal in die Welt der Wagnerschen Operndramen. Die früheren Existenzen der Kundry gibt Wagner selbst mit wechlselvollen Namen an (Klingsor): »Namenlose, Urteufelin, Höllenrose, Herodias warst du, und was noch, Gundryggia dort und Kundry hier«. Existenzen, die wir nun nach unseren Möglichkeiten der Besetzung erweitern in die Theater- und Kulturgeschichte der uns zur Verfügung stehenden Menschheitserinnerung.

Nun aber kommt Parsifal in die Welten der Wagnerschen Mythen, indem er vorgeht in Richtung Kamera – immer noch mit dem Bündel der Kundry auf seinem Buckel –, den Speer in die Mitte des Raumes stellt, das Bündel ablegt in die Wurzeln des Gurnemanz-Baums. Vorne an der Kamera, zwischen Bogenmaschine und einer riesigen Geige, erscheinen die wechselnden Projektionen von »Tristan und Isolde« (Wieland-Wagner-Inszenierung), einer Ritterszene aus Wieland Wagners »Ring« (»Walküre«) und einer Szene aus Chéreaus »Walküre« mit Wotan und seinem Speer, gegenübergestellt diesem letzten Speer, geheiligt durch die letzte der Welten Richard Wagners und seiner Erlösung. Die letzte dieser Projektionen hier ist die Gralszene, von Joukowsky entworfen, so wie sie im 1. Akt auf dem Kleid der Gralsträgerin, des Glaubens projiziert war, als Vision des Ziels aller Wege des Wollens und dessen Überwindung. Dies alles ist sicher eine Fortsetzung der Wanderung zum Gral aus dem 1. Akt.

Andere Projektionsbilder wären möglich und lagen vor und waren beabsichtigt, zum Beispiel aus der Geschichte Bayreuths oder Richard Wagners, die »Rheingold«-Inszenierung von Peter Stein mit dem großen Kopf des Riesen, oder Grübers »Walküre«, ebenfalls aus Paris, und andere Bilder aus »Tristan« von Wieland Wagner zum Beispiel. Aus projektionstechnischen Gründen mußte diese Konstellation der Bilder nach langen Proben so entschieden werden, wie nun zu sehen. Die Studionotizen werden später genauer Auskunft darüber geben, warum und wieso und wie die alltäglichsten und dümmsten Gründe oft für diese sicher auch so noch zu vertretenden Entscheidungen verantwortlich sind.

41.

Wenn Kundry in der nächsten Szene erwacht mit dem bekannten Stöhnen, entdecken wir sie starr und langgestreckt wie ein Brett in der Art eines Mantegnaschen Christus daliegend. Das Spiel mit Kundrys klammen Fingern, nach den Ideen von Edith Clever und Robert Lloyd, ihr Wärmen im Mund, gehört zu den Szenen, die man vor dem Weg ins Studio nicht auszudenken vermag und hilft über jene langen Wagner-Stellen hinweg, die zwischen den Worten liegen. Dieses Spiel steht im rührendsten Kontrast zur metaphysischen Dimension dieses ersten Urerwachens aus tiefstem Dämmerschlaf unserer Erinnerung und dem, was nun folgen wird. Wehe, wenn uns da nichts einfällt und bloße Aktion nicht verlangt ist, Aktion bloßer Schönheit inbegriffen und ganz besonders die.

Der Schrei der Kundry vor dem Augenöffnen ist dem Urschrei ähnlich im Erwachen des Embryos aus seiner wärmenden Gefangenschaft, einem Erwachen aus dem Mutterschoß früher Vorwelten in die Erkenntnis unserer Welt. Lange haben wir die Möglichkeit des hier nötigen Kleides überlegt; die Tradition reicht vom Büßergewand bis zur Mariendarstellung, und Moidele Bickel entwickelte die einfache Stoffhülle mit Blättern und Zweigen beklebt, ähnlich dem Haar voll Laub des Waldes aus dcm 1. Akt, und dann einen blauen Umhang zwischen Madonnenfarbe und Sternentuch der Herzeleide. Die letzten Worte Kundrys in diesem Parsifal sind die heute unmodischen des Dienens, einem Dienen aus großem Wissen und großer Not, die überwunden ist als Tugend der bereitwilligen Unterordnung unter das als gut Erkannte einer anderen Liebe.

42.

Der Ritus der Gänge zwischen Gurnemanzhütte und Brunnen, die sich kreuzenden Wege und Blicke füllen die nächste wortlose Musik bis zum Auftritt des Parsifal für eine langsam gleitende Kamera. Die Kameraeinstellungen werden nun lang. Der 3. Akt, absichtlich ans Ende der Drehzeit gelegt – 1. und 2. Akt hatten ca. je 50 Einstellungen –, wird kaum über 20 haben. Ruhe ist wichtig, auch für das Bild.

Die Gurnemanzhütte ist in die Kinnpartie, also in die Schlucht vom Beginn des 1. Aktes eingebaut, mit einem Turm-Zitat aus Ludwigs Wäldern um Linderhof. Die Wurzel, in der sich Kundry nun zum erstenmal aufhalten darf und von der aus sie noch im 1. Akt von den Knappen mißtrauisch beobachtet wurde, liegt nahe jener Trümmerlandschaft des Kopfes aus dem 2. Akt der Kundry-Szene. Eine Landschaft, die von Schnitt zu Schnitt mehr übergeht in den vollständigen Kopf des Richard Wagner, vereist und kalt, und zum letztenmal mit der Bogenmaschine als Hintergrund der Parsifal-Erzählungen von seinen irrenden Abenteuern.

43.

Parsifal tritt vor einer Kirchenruine Caspar David Friedrichs auf durch den Kopf Richard Wagners, und der Speer verwandelt sich in ein Kreuz, als Ausdruck seiner wundervollen Kraft und zum Zeichen seiner Rückkehr nach unheilvoller Abwesenheit. Unser Speer wurde der heiligen Lanze des Longinus nachgebildet, die schon im Hitler-Mythos und Hitler-Film seine besondere Rolle spielte. Dieser Mythos besagt, daß die Macht der Welt habe, wer diese Lanze besitzt. Es ist die Lanze, mit der Longinus Christus in die Seite stach, alles nach alter europäischer Reliquien-Überlieferung.

Es ist dieses aus dem Speer gewonnene Kreuz, das die Gralsträgerin im 1. Akt trug als Symbol des Glaubens, den die Gralsgesellschaft verloren hatte bis zur Rückkehr des Speers. Während der Aufnahmen zu dieser Rückkehr des

Speers gab es Diskussionen, ob es erlaubt sei, die Kamera von den Personen wegzuschwenken, sogar ob es nötig sei, um den großen musikalischen Ausbruch auszuhalten, bis zu der Erkenntnis des Gurnemanz, daß der Speer zurück und der langerwartete Messias, Godot, Parsifal endlich gekommen ist.

Wir drehten zwei Versionen: Zu den Worten »Erkennst du ihn« schwenken wir einmal mit großem Kameragestus auf den Speer, um die Gesichter und Personen in dieser Nähe nicht dieser gewaltigen Musik auszusetzen.

Die Proteste von Robert Lloyd bewegten uns zu einer anderen Variante, in der alle drei Personen und der Speer in größerer Ferne blieben, solange, bis Gurnemanz auf den Speer zugeht und wir ihm folgen mit einem schönen Wechsel auf Parsifal, der sich erhebt, während Kundry sich zurückzieht wie von einer Männersache, und Gurnemanz vor dem Speer niederkniet. Ein schönerer Wechsel als in der anderen Einstellung.

Ob uns, die Cutterinnen und mich, dieser Wechsel bewog, nun doch diese zweite Version zu wählen? Vielleicht ist diese Distanz zu allen drei Personen notwendig die Lösung, um diese überwältigende Musik der Gralserkenntnis zu ertragen. Die Musik, in jedem Fall, wirkt schwächer so, denn Bilder beeinflussen den Ton, wie der Ton die Bilder. Die Einstellung erscheint so etwas leidenschaftsloser, aber klarer. Richard Wagner will in seinen Anweisungen hier Blicke der Kundry. Sicher wäre das eine Möglichkeit gewesen, wenn auch technisch riskant ohne Schnitt, mit dem wir die lange Einstellung nicht unterbrechen wollten im Stil dieses Rhythmus, und durch betonenden Schwenk und Schärfenverlagerung eher von einiger Schwierigkeit – vielleicht auch zu bedeutungsvoll –, weshalb wir das damals verwarfen. Nach den Erfahrungen der nächsten Tage, was Edith Clever mit Blicken gerade dieser Art zu machen imstande ist, vielleicht ein Versäumnis des Films.

44.

Die Erzählung des Gurnemanz vom Schicksal der Gralsgesellschaft und Titurels Tod wird begleitet von einem stummen Spiel der Kundry, die hinter und neben ihm die Puppen, die wir aus dem Vorspiel des 1. Akts kennen, aus ihrem blauen Umhang wickelt, wie eine Mutter ihre Kinder; die Figuren des Spiels von Amfortas über Klingsor (mit Teufelchen und den kleinen Nibelungen am Gürtel Klingsors, die übrigens Vorzeichnungen von Chéreaus Kostümbildner, Jaques Schmidt, nachgebaut wurden), bis Titurel, immer parallel zur Erzählung ihres Schicksals durch Gurnemanz.

Diese Puppenidee führt uns also vom ersten Vorspiel der Herzeleide über den Herzeleide-Monolog der Kundry im 2. Akt und die Blumenmädchen, die diese Puppen in ihrem Gesang wiegen, bis zum Monolog des Gurnemanz im 3. Akt. Der geht nun über in den Aufschrei Parsifals und in seine Ohnmacht bei dem Gedanken an seine Schuld an diesem Elend, gestützt auf das aus dem Speer hervorgegangene Kreuz vor einer Projektion von Boschs Hölle und Weltuntergang, wie aus der Blumenszene bekannt.

45

Die Ohnmacht führt uns mit einer Überblendung in den Teil des Werks, den wir die Aue nennen. Der Wechsel in die heiteren Bezirke der Aue wird begleitet von einer jungfräulichen Kundry, die hier zu sich selber kommt, endlich, entsprechend dem Wahnfried und Frieden des Wahns und von der Nachricht vom Tode Titurels durch Gurnemanz, mit dem Weltenbrand-Hintergrund, wie Hieronymus Bosch ihn in seiner Höllenvision darzustellen vermochte.

Die Aue.

Der Teil des »Parsifal« von Richard Wagner, den wir die Aue nennen, ist von besonderer Schwierigkeit. Dieses heilige Stück der Operntradition gilt als seelisches und moralisches Herzstück des Ganzen. An Ludwig II. schreibt Richard Wagner zu Beginn seiner neuen Überlegungen der Realisierung, daß es diese Karfreitagsstimmung und Frühlingslandschaft gewesen, die ihn bewogen habe, den »Parsifal« zu beginnen. So wichtig erschien ihm von Anfang an diese Aue, und so bringt er sie in Verbindung mit Mathilde Wesendonks Zeit in seinem Leben. Also wieder eine Frau nach den schon erwähnten Indizien zur Gralsmusik in Verbindung mit Judith Gautier, und Cosima ist sowieso immer dabei, solange er an Partitur und Text nun arbeitet.

Er schreibt den ersten großen Textentwurf während ihrer Abwesenheit im ersten Sommer ihrer Liebe, so wie der erste Gedanke an Parsifal in der Abwesenheit Mathilde Wesendonks in Venedig entstand, und so wie jene Gralsmotive, die er Judith Gautier schickte, an die ferne Geliebte gingen, wie eine Grundbedingung dieses

Werks, das zur großen Entsagungsfeier wurde als Bedingung der Erlösungstat.

Für den, der diesen Teil nun zu realisieren hat, optisch im Film, ergibt sich die Frage, wie man Natur in diesem realitätshungrigen Motiv darstellt, im Studio und überhaupt. Es ist die Frage nach dem Vermögen und den Grenzen des Films. Der Film, der so überlegen begann und noch realer als die Fotografie, die schon der Realitäts- und Naturproblematik der Malerei und anderen Künsten so viel neue Aufgaben stellte, hat aus Mangel an Distanz große Schwierigkeiten bei der Darstellung von Natur, also dem Selbstverständlichsten unserer Welt. Kein Wiesen-, kein Waldstück, kein Meererlebnis kann durch bloße Wiedergabe des Films auch nur annähernd den Hund hinterm Ofen hervorlocken. Das entspricht den Nöten des Films bei der Darstellung der nackten Natur des Menschen und seinen kreatürlichen Liebesvorgängen.

Als ich am Morgen dieser Szene in das Studio fuhr, wußte ich nicht, wie das genau aussehen würde, und wußte nur, daß am Abend des ersten der zweieinhalb dafür vorgesehenen Tage mindestens 8 Minuten der insgesamt 30 Minuten gedreht sein müßten, wenn der Film überhaupt zu Ende kommen sollte.

Natürlich gab es lange Überlegungen, Recherchen, Diskussionen, auch in Details. Ursprünglich hatte ich, im Gegensatz zu Projektionen in der Art des Ludwig-Films oder von Bühnenrealisationen mit Wiese und Wald, an ein Glashaus gedacht und an einen künstlichen Garten des Mittelalters in Terrassen aus kleinen Beeten bestehend mit Gewürzkräutern, ohne Bäume und Heckenidylle, eher karg – unter einem Glashaus eben, wie es Schutz gegen den

Winter dieser Zeit und Umweltschmutz in dieser Welt bietet, zum letzten Mal. Dazu eine Renaissance-Bank im Stile jener der Madonnen im Rosenhag, als Muster für Parsifal und seine beiden Begleiter, Kundry und Gurnemanz.

Also größte Künstlichkeit der Natur in alter und neuer Version. Die Herstellung eines solchen Glashauses wäre teuer gewesen in der gebrauchten Größe, und so kam ich logischerweise auf den Gedanken, daß natürlich in einem Konzept, das die Totenmaske Richard Wagners als Spielfeld erfand, auch die Aue in dieses Seelen-Panorama des Kopfes eingebaut werden sollte. Da der Kopf in der gebauten Größe sich als zu klein erwies, konstruierten wir einen Sonderteil aus Nase und Augenpartie in extremer Größe. Das bedeutete ein abfallendes Terrassengelände, und die Taufe sollte nicht an einem Bach stattfinden, sondern stehend nun, nach alten Vorbildern, im Augensee von 5 m Durchmesser mit Wasserfall über den Nasenrücken, mit einem welligen Übergang von Wiesen und Blumen zu jenem Gewürzgarten, der der alten Idee der mittelalterlichen Vorstellung entsprach.

Das kam auf erstaunliche Weise den Renaissance-Gärten von Ravallo über Amalfi nahe, Richard Wagners Zaubergarten-Vorbild, und ergab durch Verbindung mit Kundrys Auftritt im 1. Akt aus dem Wasser desselben Sees der Tränen mit dem Fenster aus Richard Wagners Sterbezimmer in Venedig einen sehr erstrebenswerten Zusammenhang.

Darüber sollte dann ein Glashaus eingeblendet werden mit dem Baum aus dem 1. Akt, den wir von der ersten Wundenerzählung des Amfortas als Projektion schon kennen.

Und wir stellten die zu einem Geigenmädchen gewordene Bogenmaschine, als ähnliches Symbol der Verwandlung wie der zum Kreuz gewordene Speer, in diese Landschaft. Also eine monumentale Geige von 4 m Höhe, im zerbrochenen Rahmen der Bogenmaschine, deren eine Seite zu einem Mädchen- oder Frauenkörper mit blumigem Haar geworden ist, aus dem die Saiten dieser Geige hinunterwachsen, mit einem Sternentuch über dem verdeckten Kopfteil.

Als Zentrum – zwischen antiken Flaschen und Karaffen für die Wasser der heiligen Handlung, zwischen Bank, Venedigfenster, Blumenaue und Geigenmädchen des grün gewordenen Wagnerkopfes seiner Totenmaske – der Lebensbrunnen nach dem großen Altarbild van Eycks in Gent. Also van Eyck als geistige Gegenwelt zu den Höllenbildern der Welt des Hieronymus Bosch.

Und wie auf dem Bild des berühmten Altars in Gent, zwischen bunten Steinen und Engeln, Rittern, Bürgern und Musikinstrumenten, in unserer Aue, nun in plastischer Realität nachgebaut, der Brunnen mit zwölf Wasserspeiern, den Fratzen der unteren Ebene und als oberer Abschluß den Engel mit den ausgeleerten Karaffen, wie es die Symbolik der Zeit verlangt.

Der Gang unserer drei Einstellungen geht von der mittelalterlichen Gartenbank und dem Gewürzgarten über die Taufe im Augensee der Tränen und durch mönchisch asketisch angelegte Blumenanlagen zu dem Brunnen des ewigen Lebens inmitten der grünen Wiesen und Blumen zwischen den bunten Steinen dieses künstlichen Glücks, das aus den Zitaten unserer Geistes- und Kulturgeschichte besteht.

Den Plan, die kurz darübergeblendete Glashausprojektion mit einem unendlichen Garten nach dem Grundriß der Gebäude vom Kloster St. Gallen (als Gartenanlage!) fortzusetzen, ließen wir kurz vorher fallen.

46.

Als es nun dazu kam, daß wir diese Szene drehen mußten, gab es doch besondere Nervosität. Niemand von uns hatte die Dimension dieses Baus im Studios vorhergesehen.

Und es ist ein Unterschied, ob man sich in nachgebauter Realität bewegt oder in nie gesehenen Umgebungen eines Riesenkopfes, ohne Märchen- und Science-Fiction-Absicht. Die Brunnenfiguren waren aus Geldmangel erst 48 Stunden vorher in Auftrag gegeben worden (!), und keiner wußte, ob sie rechtzeitig fertig sein würden und ob sie funktionierten wie auf dem Gemälde. Es gab Probleme mit den Blumen und Grünpflanzen, denn es war November und gar nicht sicher, ob diese kleinen Pflanzen, so niedrig in Schuhhöhe, überhaupt vor der Kamera neben den sitzenden oder stehenden Personen sichtbar werden würden. So bauten wir zum Beispiel kleine Gewürzgärten und Gemüseanlagen auch hinter der Rückenlehne jener Bank, auf der Parsifal dann sitzen würde, hinaufreichend zu den großen Nasenlöchern und Stellbrettern in ihnen mit den Glaskaraffen, da hier die Kamera noch am ehesten in Gesichtsnähe bei Großaufnahme etwas von dieser geforderten Aue zu zeigen imstande sein würde.

Nun begann aber der von Anfang an bedrückende Alptraum der Figurenkonstellation in der von Richard Wagner angegebenen Bewegung zueinander; und über

Gurnemanz:
»So weiche jeder Schuld
Bekümmernis von Dir!«

allen Überlegungen stand der Anspruch dieser Musik an Qualität und an fast unrealisierbare Bilder. Ich entschloß mich für eine Dreiteilung der 20 Minuten, zu zwei ungefähr 8 Minuten Einstellungen und einer kürzeren dazwischen: d. h. zu einer Dreiergruppe an der Bank und auf der Terrasse vor der Nase im Gewürz- und Blumengarten, zu der Taufe mit dem Gang durch die Blumenanlagen vor dem verwachsenen Venedigfenster mit Parsifal und Kundry, und zu einer Dreiergruppe: Gurnemanz – Parsifal – Kundry am Brunnen.

Alle Vorstellungen Richard Wagners von Fußwaschung, Trocknen der Füße Parsifals mit Kundrys Haar, Salbungen und Gesten der Blickanweisungen heute zu befolgen, brachte mir monatelang davor Schweißausbrüche ein, alles roch nach kitschigen Andachtsbildern des 19. Jahrhunderts, stand im gefährlichsten Kontrast zur Reinheit dieser Musik und begründet wohl eine der großen Schwierigkeiten der nicht zu erfüllenden optischen und Regie-Forderungen dieses Werks.

Es ist das Verdienst von Edith Clever, die gebotene Selbstverständlichkeit ohne Zweifel und Zögern und Ironisierung, gefahrlos jenseits aller Sentimentalität, getreu und mit gebotener Demut und Strenge eines heiligen Ernstes, der uns von Anfang an für diesen Film verband, gewagt zu haben. So ergaben sich nun Bewegungen zueinander, Wechsel der Blicke und Kopfsenken von einem zum andern der drei, wie im Traum nur denkbar, die die Kamera mit adäquater Sensibilität aufnahm. Das ist wie ein Pendant zur erweiterten, erhöhten Kammerspielsituation im 2. Akt zwischen Parsifal und Kundry.

Und statt der einschließenden kammerartigen Wände nun das offene Panorama voller Zitate, assoziative Aus-

Gurnemanz:
»So ward es uns verhießen; . . .
Du Reiner!
Mitleidvoll Duldender,
heiltatvoll Wissender!
Wie des Erlösten Leiden du gelitten . . .«

Nach der Taufe
Kundrys
durch Parsifal.
Parsifal:
»...die Taufe nimm,
und glaub an den
Erlöser!«

flüge gestattend durch antike Gläser und mittelalterliche Gärten van Eycks, und die deutlich sichtbare Kopfarchitektur dieser Landschaft und vor allem durch die Projektion. Die erhöhende Gesangskultur eines Robert Lloyd und die natürliche Naivität von Karin Krick als Parsifal halfen.

47.

Jemand, der wie ich angetreten ist mit Hilfe der besonderen Technik – die nun auch hier, in gewisser Weise, ihre Sonderleistungen zu bringen hatte –, mußte sich überlegen, was er gerade und hier anzubieten imstande ist. Jenes berühmte Oboenthema in der Mitte der Aue, die Beseelung der Natur nach der Taufe, war eine Herausforderung, und ich versuchte hier an einer einzigen Stelle des Films eine Life-Projektion vom Dirigenten der Tonaufnahmen zu wagen, von Armin Jordan also, unserem Amfortas – gefilmt in Monaco auf 8 mm.

Da der Augensee hoch lag und weit weg von der möglichen Kameraposition, abgetrennt durch die hochgebaute Landschaft des Gesichtspanoramas, verwendeten wir einen Kran, das erste Mal, aber so, daß die Kamerabewegung nicht auffiel, gleichmäßig in Augenhöhe, im Prinzip dieses Films, um mit Hilfe der Technik eine Annäherung und Entfernung zu ermöglichen, von Großaufnahme bis Totale über gebirgige Höhenunterschiede hinweg, da kein Schnitt diese Musik unterbrechen sollte.

In dieser schwierigen Fahrt der schwenkenden Kamera, immer vor den sich aus dem Wasser auf uns zubewegenden Figuren Kundrys und Parsifals her, gab es einen Moment, in dem die Kamera zur Projektionsleinwand im geforderten Winkel von 90 Grad stand und in dem wir nun zum erwarteten und abgestoppten Einsatz der Oboen die 8-mm-Aufnahmen des Dirigenten beim Produzieren dieser Musik – in Zeitlupe und in grobem Korn der Vergrößerung von 8 auf 35 mm verfremdet –, wie einen schwebenden Vogel über allem projizierten.

Nur 20 Sekunden des Oboensolos, und schon würde durch den Schwenk der Kamera aus dem 90-Grad-Winkel weg und durch die Fahrt im Flug des Krans, diese Vision der künstlichen Aue, in ihrer höchsten Naturvollendung durch visualisierte Musikentstehung, hinter der Nase Richard Wagners wieder verschwinden. Die äußerste Herausforderung der Musik verlangte äußerste Risiken der optischen Erfüllung.

48.

Das alles durfte nur sanft kommen und gehen wie die Musik, von einem Thema ins andere wechselnd, was auch im großen und ganzen gelang. Aber die Tränen der Kundry gingen verloren. Edith Clever, sonst, wie sie sagt, mit Tränen beim Spiel eher sparsam oder nicht geübt, außer als Routineandeutung der verfügbaren Schauspieltechnik, wußte, was hier von Richard Wagner und an Echtheit äußerster Wahrheitsdarstellung des Inneren verlangt war.

Schon in der Fußwaschung setzte sie Blicke ein, die fortsetzten, was sie im 2. Akt auf andere Weise mit Raserei und Wildheit begonnen hatte. Hier aber, in der Szene der Taufe, versuchte sie zu weinen, wie von Richard Wagner

Gurnemanz:
»Das dankt dann alle Kreatur,
was all da blüht und bald erstirbt,
da die entsündigte Natur
heut ihren Unschuldstag erwirbt . . .«

vorgeschrieben, von der Taufe im Augen-See seiner Tränen bis ans Ende der Einstellung auf der Wiesentreppe eben während des berühmten Oboenthemas. Und die Kamera hätte, anders als die Bühne, die Möglichkeit gehabt, durch Nähe und ohne Schnitt, auf ihre Weise, diese äußerste Anstrengung innerer Bewegungen wiederzugeben.

Edith Clever tauchte lange weg in der Mittagspause, sich absondernd – nachher rekonstruierte ich es –, war unansprechbar während der technischen Einrichtungen, sagte nichts aus Scham, es könne nicht gelingen, und spielte so, wie es nur einmal geht, also ohne Wiederholung, überraschend und auf eine Weise betroffen machend, daß niemand daran dachte, das noch einmal zu verlangen.

Aber Tränen haben die Eigenschaft, klein zu sein, das Intimste, was wir haben, die Kamera aber war für diese unangekündigten Tränen zu weit weg und mußte es ohne Schnitt, ohne Aufdringlichkeit und mit Absicht der Projektion in der Totalen und wegen des geforderten Auenpanoramas sein. Trotzdem wäre eine größere Nähe bei entsprechender Ankündigung möglich gewesen. Der Verlust dieser Tränen, die auch Wagner so wichtig gewesen waren und zu einem Hauptmotiv des ganzen Auenthemas wurden, gehört zu den traurigen Kapiteln dieses Films.

Es gibt Fotos, die eine erschreckende Edith Clever dokumentieren, weggetaucht, inmitten des Teams und der Technik, in jene Einsamkeiten, aus deren Existenz wir unsere Tränen holen.

Nach der nächsten Szene am Brunnen waren die Endreflexe dieser Tränen von der Art, daß nun Igor Luther es schwer hatte, die Kamera ohne Tränen zu verlassen, so wie sie sich in Parsifals Augen spiegeln, von dieser neugewonnenen Unschuld der Kundry geweckt. Richard Wagner hatte seine große Macht aufs schönste bewiesen, und eine Liebe höherer Art hatte sich über die Landschaft seiner Totenmaske gelegt. Und wir denken wieder an Cosimas Traum von Parsifal als einer großen Träne, hängend über den Wolken der Welt, der Musik. Aber man sehe die Bewegungen und Gesichter, wie der Kuß dieses neuen Parsifals auf die Stirn Kundrys sich senkt, das Öffnen und Schließen der Augen am Ende dieses von Wagner wieder vorgeschriebenen besonderen Kusses der so entsühnten Kundry. Und niemand wird jene Tränen, die wir verloren hatten, vermissen durch die Rettung der Musik. Diese intimste der dreimal aufgenommenen Szenen wählte ich dann nicht, weil zu nahe, zu groß und gegen den Stil des Films hier.

49.

Die sogenannten Verwandlungsmusiken schrieb Richard Wagner, um der Bühne Gelegenheit zu geben, von der einen Szene in die andere umzubauen. Oft waren sie für die technischen Erfordernisse der Bühne zu kurz, und er verlängerte diese Passagen zu schönsten Teilen des Ganzen. Heute für uns im Film ist es Musik, die zu füllen ist mit Bildern, aber wie? Damals schon auf der Bühne war das eine ziemliche Aufgabe mit an der Rampe vorbeigerollten Bildern oder bei geschlossenem Vorhang. Nun in einem Studio und mit einem Budget, das normalerweise gerade für den Bau eines 90-Minuten-Films in Deutschland reicht. Geplant waren viel Schnee, Projektionen von Boschs Weltuntergang, Caspar David Friedrich, Lohengrin, Tri-

Parsifal:
»Auch deine
Träne ward
zum Segens-
taue . . .

. . . du weinest, – sieh! es lacht die Aue!«

stan, Tränenfenster aus Venedig, Goya, Gralsritter mit dem toten Titurel vorbeiziehend.

Diese vier Minuten wurden im Anschluß an die Aue gedreht. Das Studio war vollgeräumt noch mit Kopfteilen, und das Augen-Nasen-Panorama der Aue stand direkt vor der großen Leinwand, die wir verwenden wollten für diese Verwandlungsmusik zu künstlichen Welten unserer Projektionen. Wir alle, und besonders ich und die drei Darsteller, waren von der Anspannung auch des Gelingens nach der Aue am Ende unserer Kraft.

Es wurde für mich der bitterste und kritischste Tag der Dreharbeiten, nur mit Hilfe der Nerven, die besonders Igor Luther bewahrte, retteten wir uns in eine Einstellung mit vier Projektionswänden und einem über sie wandernden Christuskopf aus einem Glasfenster frühester Provenienz, und zwar so, daß die drei Personen: Gurnemanz, Parsifal und Kundry auf ihrem Gang zum Gral von ihm durch die Trümmer unserer bisherigen Weltreise geführt und begleitet werden.

In einer sehr komplizierten Fahrt, entlang der großen 12-Meter-Leinwand auf eine andere zu und entlang einer auf Eck gestellten Leinwand, bewegen sich also Kamera und Darstellergruppe zwischen Bogenmaschine und Geigenmädchen und den Köpfen von Richard Wagner bis Marx und Nietzsche und den Requisiten des Films hindurch, an der Rückseite der Nase in armlangem Abstand zur großen Leinwand, mit Blick auf das Venedigfenster, hinter dem nun die Wasserpumpe dieses Tränenfensters aus dem 1. und 2. Akt sichtbar wurde. Dahinter eine Projektion von Isoldes Liebestod aus Richard Wagners und Ludwigs Zeit, und das hatte seine besondere Bewandtnis.

Als Richard Wagner in großer Liebeseinsamkeit am »Tri-

Richard-Wagner-Anweisungen:
Er küßt sie sanft auf die Stirne – Glockengeläute,
wie aus der Ferne.

stan« schrieb, begann er einen eventuell möglichen »Parsifal« zu überlegen. Zwanzig Jahre zuvor in Venedig ließ er den so ins Gesichtsfeld gekommenen Parsifal nun am Totenbett Tristans, vor Isoldes Liebestod, an ihrem Schmerz den nach dem Gral suchenden Parsifal vorbeigehen, als Hinweis und Mahnung auf die höhere Liebe dieses Gralsuchers. Das wurde dann doch wieder aus dem »Tristan« gestrichen. Lassen wir jetzt Parsifal, alte Ideen Richard Wagners vollendend, auf dem Weg zum Gral Tristans gedenken.

Und weiter geht Parsifal hinein in die Projektion des Hausrocks oder Morgenmantels von Richard Wagner, der uns vom Anfang des 1. Akts aus den Gurnemanz-Monologen und im 2. Akt aus dem Auftritt der Kundry vor Parsifal wohlbekannt ist. Und wir sehen Parsifal + Kundry + Gurnemanz eine große Treppe hinaufsteigen in die Sternenwelt dieser kindlichen Nacht hinein, die die seelischen Wunden der Wagnerschen Empfindsamkeit umhüllt. Hinauf in diese Sternenwelt der Gralsgesellschaft vor dem Ende dieses utopischen Kunstuniversums – ist das erlaubt?

50.

Der Ritterzug mit der Leiche Titurels wurde von uns am zweiten Drehtag aufgenommen (nach den Titurel-Monologen aus dem 1. Akt am ersten Drehtag). Durch die über die ganze Studiolänge verteilten Segmente der Totenmaske, aus Spalten mit Projektionshintergründen von Ingres (Traum Ossians, siehe Ludwig-Film und Gralstempel, Hintergrund für obere Höhen) und Palermo-Katakomben über Brückenstege und vor der Nase, wie ein

Felsen im Nebel, ließen wir Ritter, teilweise mit Totenmasken, ziehen und dazwischen Figuren in den bunten Kleidern in der Art der Toten jener schon von Goethe und Richard Wagner besuchten Katakomben von Palermo, mit Kostümen bis in die heutige Zeit.

Diese Gralsgesellschaft ist eine der Toten, und so ist es ihre Utopie und die Hoffnung der Welt. Dazu Ritter und Figuren in Mull gewickelt wie Verwundete dieser Welt und Geschichte. Hier wird nicht ein alter Waffenheld und Puppenkönig des mittelalterlichen Mythos zu Grabe getragen, sondern hier bereitet sich mit solchem Auftakt ein eschatologischer Ritus vor, und das Tribunal der Wunde ist nicht mehr nur ein Drama des Amfortas in der nächsten Szene.

51.

Anzufügen wäre hier notwendigerweise ein Wort über die Kostüme, speziell auch die dieser Massenszene. Abgesehen von den abgetragenen Funduskostümen für die Toten der Katakomben aus Palermo entschlossen wir uns, die mittelalterliche Ritterwelt mit unseren Mitteln und nicht historisierend darzustellen. Durch besondere Umstände, auch der erst spät endgültig zugeteilten Geldbeträge, hatten wir nur vier Wochen Zeit, und das Budget ermöglichte gerade noch Phantasien in diese Richtungen von Mull und einfachen Plastiküberhängen bis zu historischen Nachbildungen auf einfachste Art mit zitatartigem Griff in den Fundus der Pariser Oper. Und einfachste Art sollte und mußte hier heißen auf ehrlichste Weise (Kostüme, außer Kundry, Veronika Dorn und Hella Wolter).

Amfortas:
»Mein Vater! Dich
ruf ich – rufe du
ihm es zu:
Erlöser, gib meinem
Sohne Ruh!«

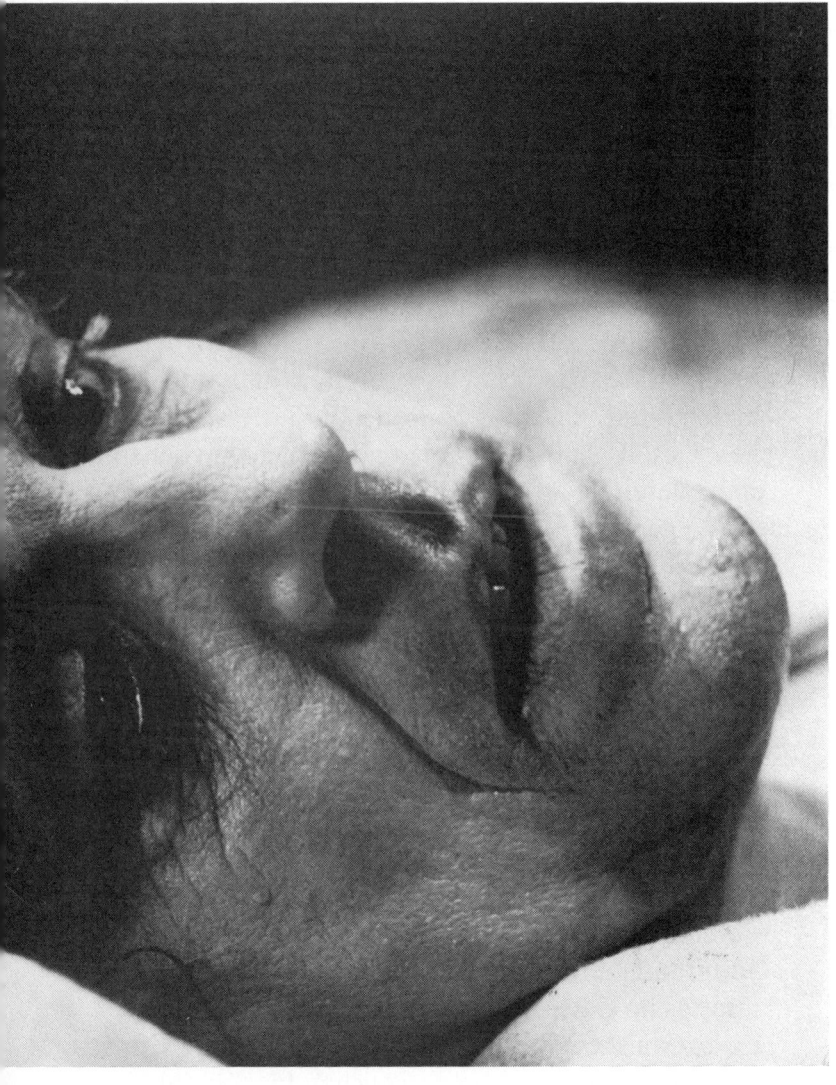

Die Schlußapotheose dieses »Parsifal« beginnt mit der Projektion des Gralstempels, wie er zur Uraufführung 1882 in Bayreuth bis 1930, also bis zu Cosimas Tod, verwendet wurde. Aber hier, wie zu Anfang des Films, als Ruine eines quasi real existent gewesenen und nun zerstörten Baus. Obwohl und gerade weil als Modell konstruiert und jetzt auf diese Weise ins Unwirkliche vergrößert, durch die Kopfteile Richard Wagners hindurch, erscheint diese Gralstempelkonstruktion fast wie im antikischen Stil: die Apsissäulen, halb zerbrochen im Wasser, am Anfang des Vorspiels. Darin hocken und stehen, halb schlafend und Amfortas bedrohend, die Reste der utopischen Gesellschaft des Grals und Mönche zwischen den Toten, deren Träger mit der Leiche Titurels hierher auf dem Wege sind.

Der Monolog des Amfortas im Zwiegespräch mit seinem toten Vater Titurel wird von uns wie eine Vision separiert.

Plötzlich einsam in seinem Bett liegend, vor der riesigen Projektion jener Gralsdekoration, die Christian Jank für Richard Wagner nach Cosimas Plänen entwarf, aber nicht realisiert wurden. In dieser Dekoration und davor hatte ich schon meinen Ludwig zusammenbrechen lassen, in tiefer Nacht zu Lohengrin-Musik, und vor diesem Szenenfoto saß der Ludwig-Darsteller Harry Baer, im Hitler-Film monologisierend begleitet von Archivtönen aus Stalingrad und »Götterdämmerung« und »Die Fahne hoch . . .« Hier nun Amfortas im Gedenken an seinen Vater Titurel, den Urvater der Gralsgesellschaft, mit großem Sarg und Christuskopf unter der Kuppel der christlichen Idealbasilika.

In der Art eines Opern-Tableaus die letzte Schlußtotale. Die Wunde des Amfortas, der große Skandal, vor ihm auf dem zweiten Bett, wie ein Schwelbrand das rote Blut, dort wo Kundry sich bald zur letzten Ruhe legen wird. Überall Tote, der leere Thron, das ist die Situation, in der alle vor Verzweiflung – wie die Geschichte es befiehlt – Amfortas drängen, sein Amt zu tun zur Gralsfeier.

Ursprünglich hatte ich hier eine *Totenfeier* in der Art von Leonardos Abendmahl mit Toten zur folgenden Gralsmusik als Schluß gedacht. Buñuels »Viridiana« mit der Bettlergesellschaft zu Händels »Messias« wieder aufnehmend und fortsetzend zu einem grausameren Ende der Welt unserer Utopien, als Totenfeier zur Gralsmusik Richard Wagners. Die Toten, die Hölle dieses Endes, um den von Ölpest zerfressenen Schwan in der Mitte: das Jüngste Gericht. Und jeder von uns sehe, wie er davonkommt.

Das nun haben wir nicht gemacht. Vergessen? Dann wäre es schmerzvoller als jede böseste Kritik und versäumt wie die verlorenen Tränen der Aue? Ich weiß es nicht mehr. Beim Drehen fiel es mir nicht ein, obwohl vielfach geplant und überlegt, heute will es in keines der realisierten Bilder passen und fehlt darum auch nicht. So wie auch die einmal und lange geplanten Fratzen der Goyaschen Schwarzzimmer an den imaginären Wänden dieses utopischen Raums der Gralsapotheose unseres Untergangs.

Die Ideen entwickelten sich anders. Wenn Parsifal II mit dem Kreuz kommt und die Gralsgesellschaft ihm huldigt, verweist er auf den Speer des noch kommenden Parsifal I, jenes anderen Teils seiner Existenz: »Nur eine Waffe taugt, die Wunde schließt der Speer nur, der sie schlug.«

Es ist ein Irrtum zu glauben, das Kreuz vermöge die Wunden zu heilen, die ein Speer mit der Spitze dieses Tötungsinstruments verursachte. Es muß schon dieser Speer sein, und der, der ihn bringt, ist so wichtig wie er selbst. Wer in Deutschland nach 1945 etwas von der Psychologie der Völker weiß und mit Trauerarbeit groß geworden ist, will diese Bedeutung vielleicht am wenigsten wahrhaben, hätte aber alle Chancen, mehr davon zu wissen als andere. »Hitler bekämpft man nicht mit Statistiken aus Auschwitz, sondern mit Richard Wagner.«

Beim Wort der Entsündigung bewegt sich die Kamera gerade soweit zurück mit dem Zoom, daß hier die nun auch erschienene Kundry ins Bild kommt, im Kostüm der Uta vom Naumburger Dom, mit dem sie am Anfang des 1. Akts aus dem Wasser stieg. Nun mit einer Krone, ganz in der Haltung einer christianisierten Fürstin mit heidnischem Stolz, nahe dem Thron jenes Karls des Großen stehend, der sie christianisierte alle, um sie so auch in die folgende Heiligsprechung dieses Parsifal von der Kamera zu erfassen, der nun spricht: »Gesegnet sei dein Leiden, das Mitleids höchste Kraft und reinsten Wissens Macht dem zagen Toren gab!«

Wenn Parsifal I mit dem Speer erscheint, von hinten kommend, wie ein Deus ex machina der antiken Tragödie, zwischen schlafenden und dämmernden Rittern in der Art des Ossianschen Traums von Ingres, gesellt sich Parsifal II mit dem Kreuz so zu ihm, daß aus der Schlußvision der beiden Parsifals ein Duett unserer Parsifal-Darsteller wird. Und wieder erfaßt die zurückzoomende Kamera Kundry, die damit hier gemeint ist:

»Der deine Wunde durfte schließen,
ihm seh ich heil'ges Blut entfließen
in Sehnsucht nach dem verwandten Quelle,
der dort fließt in des Grales Welle . . .«

54.

Und wieder das Wort »Sehnsucht«, das schon im 2. Akt
nach Parsifals Aufschrei von der Qual der Liebe zu einem
Schnitt auf die zuhörende Kundry führte mit geschlossenen Augen, gesenktem Kopf und vor das Gesicht gehalte-
nen Händen.

Zu Amfortas, dem liegend und sterbend Erlösten, wendet sich jetzt die vorgetretene Kundry in der Mitte des
Raums, wo sie sich anstelle der Wunde mit langem, trauri-
gem Blick zu Amfortas neben ihn legt, wie zu einem Liebestod in der Art der Toten in der Abtei von Fontenay. Und
Kundry wird dort liegen wie am Anfang Herzeleide, mit
einem Buch vor sich, diesmal aber mit jenem kleinen grünen Buch, das am Anfang des Vorspiels der eine Ritter und
zugleich die Darstellerin des Glaubens später in der Hand
hielten, als Parsifal sich aufmachte zu seinen Abenteuern.

55.

Zum Wort des Parsifal: »Öffnet den Schrein«, habe ich
mich nach langer Überlegung, was denn nun der Gral und
sein Schrein sein könne, hier an dieser Stelle und heute

»Enthüllet den Gral – öffnet den Schrein!«

entschieden, den Kopf Richard Wagners selbst, seine große Totenmaske öffnen zu lassen, in deren Mitte als Gralsidee die beiden Parsifals sich umarmen, wie ein von der Paradiesvorstellung her sich erfüllender und schließender Kreis der utopischen Erlösung des zweigeteilten Lebens. Zu dieser Vollendung und Ergänzung und Vereinigung der Erlösung auf zweierlei Niveau, nämlich von Amfortas und Kundry im Tode und der beiden Parsifale in der Umarmung in der Totenmaske Richard Wagners, ergab sich noch eine dritte utopische Schlußapotheose dieses hoffnungsfrohen Entsagungs- und Untergangswerkes.

Nach diesen beiden Enden führte ich einen vereisten Gralstempel nach dem Muster von 1882 in Bayreuth auf, worin Amfortas und Kundry liegen. Um sie herum, vereinsamt wie in einer Puppenstube, die Reliquien dieses Films: der Ludwigs-Schwan der Gralsgesellschaft, das große Richard-Wagner-Buch aus dem 1. Akt mit den für ihn heiligen Noten an Judith Gautier und die Zeichnungen seiner Dessous und die letzte Porträt-Zeichnung vom Vorabend seines Todes sowie der Original-Gralskelch von 1882 und die Parsifalstatue von Zumbusch für Ludwig II., Speer und Kreuz und die Reichskrone des Karolingischen Reiches Deutscher Nation auf den Stufen des Throns von Karl dem Großen. Im Hintergrund aber, in der bekannten Haltung, die symbolischen Figuren des Glaubens und der Synagoge mit den symbolischen Requisiten des zerbrochenen Speers und Kelchs vereint in einer Figur. Es wird also vereint, was so lange getrennt war, um den Preis des Untergangs in der eisigen Einsamkeit dieser Utopie unserer letzten Erkenntnisreife.

Spät erst am Drehtag entschied sich diese Version, wie

einem Bildhauer unter den Händen die Skulptur, Stück für Stück, keine Statisten mehr am Ende, keine »Viridiana«- oder Leonardo-Lösung, nur eisige Einsamkeit, keine vorbereitete Projektion des Kopföffnens.

Getrennt nun alles und verbunden durch Blendeneinstellungen, so daß dieser Eistempel unserer Hoffnungen jetzt übergeht in den Totenkopf aus der Wiener Kapuzinergruft, als Modell nachgebaut, in stickigen Wassernebeln der untergehenden Welt, und weiter in das Modell Bayreuths führt inmitten der Boschlandschaft, wie ein Märchen und Spielzeug der Erinnerung auch. Dieser neue Mythos unserer einmal gewesenen Kultur, endlich aus dem Irrgartenbaum des Grals gewachsen, über dem Kundry hockt wie zu Ende des 2. Akts, mit weit geöffnetem Blick und schwarzschattigen Haaren wie Regenschleier über das vereiste Bayreuth, es fest umschließend in ihrem Schoß, während zum letzten Ton der Oper Richard Wagner erlöst ist von eigener Mißdeutung.

Und wir, wie er, sind gerettet – wert, gelebt zu haben in allen Irrtümern unseres Alltags auf produktive Weise, wenigstens das, mit den Wunden, die wir anderen zufügen, notwendig die Grenze überschreitend des Alltags und seiner Gebote, in alter klassischer Tugend abendländischen Idealisierens, wenigstens hier um der Kunst willen? Und das wäre das Gericht, vor dem wir stehen jeden Tag und mit allem hier Getanen, allen Beteiligten im Maße ihrer Verantwortung und ihres Wissens um diese Not.

56

Am Ende des Grals hockt die Urdämonin da jenseits von
Schuld und Moral des Werdens und Vergehens, als dro-
hende Gegeninstanz aller unserer Illusionen von Sinn und
Glück und Größe, die gähnende Leere des Nichts im
Auge, die wir nur zu überwinden scheinen durch Darstellung des geahnten Sehens und Hörens dieses Ziels aller
Enden, und die wir vielleicht überleben für den Augenblick dieser künstlichen Ewigkeit, bevor auch sie mit uns
versinkt, durch oder ohne uns, bis dann zum letzten Ton
dieses »Parsifal« von Richard Wagner der Vorhang ihrer
Augen, groß inzwischen, sich schließt, wie zum Ende des
letzten Akts, mit dem letzten Nachhall der Töne dieser
Vergangenheit über dem leicht sich senkenden Kopf auf
die schwarze Kugel unserer Geschichte. Und dahinter und
zum letzten Mal, wie ein Echo, die Worte:

> »Nur Ruhe will ich,
> Nur Ruhe ach der Müden,
> Schlafen, schlafen, ich muß.«

Der so ins Weite dieser Erinnerungen gerückte starre Blick
einer visionären Gralshüterin . . .

Aber wenn die Vorhänge dieser Augenlider sich schließen, am
Ende der Oper, beginnen die Töne der inneren Vision.

III. TEIL

Man muß das Ganze sehen vor den lächerlichen und quälenden Bildern unserer Operntradition aus den letzten hundert Jahren der bisherigen Parsifal-Geschichte Richard Wagners. Nun das, was nicht geht. Endlich Musik sichtbar zu machen, wie noch nie gehört . . . ›als schönste Erfindungen fürs innere Auge‹. Das Unmögliche aber schafft man nur mit äußerster Konzentration aufs Wesentliche und immer wieder und immer mehr und gerade und nur unter der Gefahr des Scheiterns.

»Die Zeit ist da,
Schlafen, schlafen,
Ich muß.«

Erfindungen fürs innere Auge

1

Richard Wagner wußte, warum er diese »Weltgeburt aus seinem Inneren«, diese Katastrophe zwischen Kundry-Prinzip und Parsifal-Welt für Bayreuth allein reserviert lassen wollte angesichts des Zustands dieser Welt und der Opernbühnen seiner Zeit. Falls wir nun wirklich, Richard Wagner getreu und demütig mit den Möglichkeiten unserer Zeit, diesen »Parsifal« auf unsere Weise erfüllt hätten – wie müssen wir uns schämen, ihn nun gegen alle seine Wünsche so im Kino des »Mach dir ein paar fröhliche Stunden« zu sehen mit Reklameauflagen und Anzeigen zwischen den Pornogeschäften eben dieser Zeit in den täglichen Zeitungen. Es wäre ein »Parsifal« gegen alle und alles, was uns heute umgibt.

Einen Film ohne den Apparat dieser Häuser vorzuführen, in denen schon der Rollenwechsel der sechzehn nötigen Akte einen Verlust von Bild und Ton bei jedem Wechsel des Kinos bedeuten würde, da Vorführer gewohnt sind, die zusammengeschnittenen Akte am Ende mit Verlust von einigen Bildern zu trennen – für ihre sonstige Ware ohne Einbuße –, und einen Parsifal-Film ohne diese Medien, in die wir alle gezwungen sind, uns einzuschleichen, um zu existieren und ein Parsifal des Films mit Weltpremiere in dem Bordell des Films von Cannes: wie wäre das möglich? Das ist das wirkliche Satyrspiel des »Parsifal« dieser Zeit, und wir, die Akteure, mittendrin.

Wer hat bei uns die Courage des verlachten Richard

Wagner, »nein« zu sagen? Ich mit meinem Geld von denen, die das eigentlich auch nicht wollen, Geld fürs Mitspielen, korrumpiert wie alle? Hatte Richard Wagner nicht Geld von Ludwig II., dem er trotzdem alles riskierend diesen »Parsifal« versagte? Ein »Parsifal« nicht für diese Zeit, aus dieser Zeit, ein Fremder. Richard Wagner vor Gericht mit diesem Parsifal wird zum Jüngsten Gericht für unsere Zeit. Und die Demokratie erweist sich als erbarmungsloser denn ein König des Wahnsinns, auch als Karikatur ihres Untergangs und ihrer Epoche. Und wir?

2.

Der erwachsene, reife Mann, hören wir vom Chef eines ihrer monatlichen Hurenblätter, kriegt heut jede Frau, kann wählen und hat einmal im Jahr das Bedürfnis nach Unschuld, »wo wir dann hineinhalten mit unserer Kamera«, denn wir, und er meint sich, sind der einzige Journalismus, der sich noch leisten kann, heiße Eisen anzufassen, frei zu sein zwischen Springer und Augstein, womit er auf traurige Weise recht hatte.

Nachdem man sich entschloß in diesem Hitlervolk, das Kleine, Mittelmäßige ohne Verantwortung, das Häßliche, Miese, Anonyme, Schmutzige, Geisteskorrupte als neue Schutzideologie ihre Geschäftsregeln zu finden, muß dieser Parsifal danach geprüft werden, wie es ihm gelingt, als alter Tor, verlacht und unzeitgemäß, seine verrückte Reinheit zu bewahren in harter und kluger Unschuld, abseits, und seine unbestechliche Naivität, Widerstand zu leisten bewußt gegen diese Versuchungen, seine Geheimnisse durchzusetzen, sich nicht leicht und billig zu machen, notfalls im Exil diejenige Konzentration zu sammeln, die nötig ist zu seiner Tat und Existenz, die am Ende immer Erlösung ist, auch gerade derjenigen, die ihm trotzten.

Und so wurde »Parsifal« ein Hausfilm im Gegensatz zu dem, was man Kinofilm nennt und was allmählich bankrott geht, trotz aller Investitionen und Selbstbetrug. Ein Hausfilm also, wiederholbar, allein und zu mehreren anzusehen, abzubrechen und wieder und wieder in Teilen oder im Ganzen zu sehen und zu hören, bequem oder in großen Sälen in Parks wie in Los Angeles, abseits von den Märkten und Autobahnen und Fernstraßen unserer Städte.

3.

Und so ergibt sich auch hier das merkwürdige, existenzbedingende Paradoxon dieses »Parsifal« auf unsere Weise. Seine Unschuld und Reinheit wird er beweisen müssen gegen die Umwelt, die ihn schuf und gegen die er geschaffen ist. Wir brauchen Geld, um diesen »Parsifal« zu machen. Das heißt, am Anfang dieses Mythos des Reinen steht der Vertrag mit dem Versprechen seines Verrats. Wir müssen uns den Bedingungen dieses Alltags unterwerfen, uns anbiedern, kleinmachen, in die Bordelle der Kinos begeben, unter die Hurenanzeigen der Zeitungen, clever und beschmutzt, mit beschnittenen Bild- und Tonbedingungen in den Vorführungen mediokrer Vorführräume im FS-Format, die nicht mal Kinos mehr sind, müssen demokratische Gesinnung beweisen durch Massenkonformismus, den Idioten spielen der heutigen Regeln als Bedingung seiner Entstehung, wofür das Geld gegeben ist.

Dieser »Parsifal« ist in unserer pluralistischen Kon-

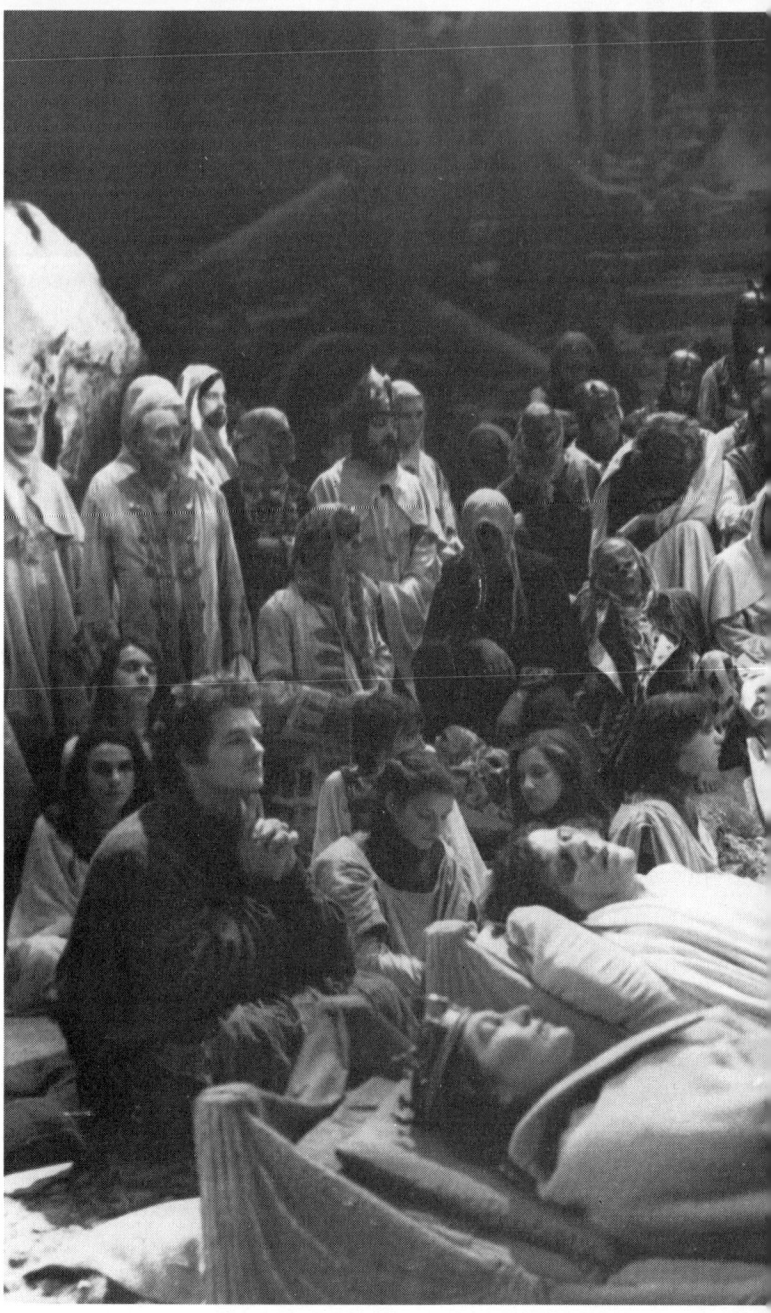

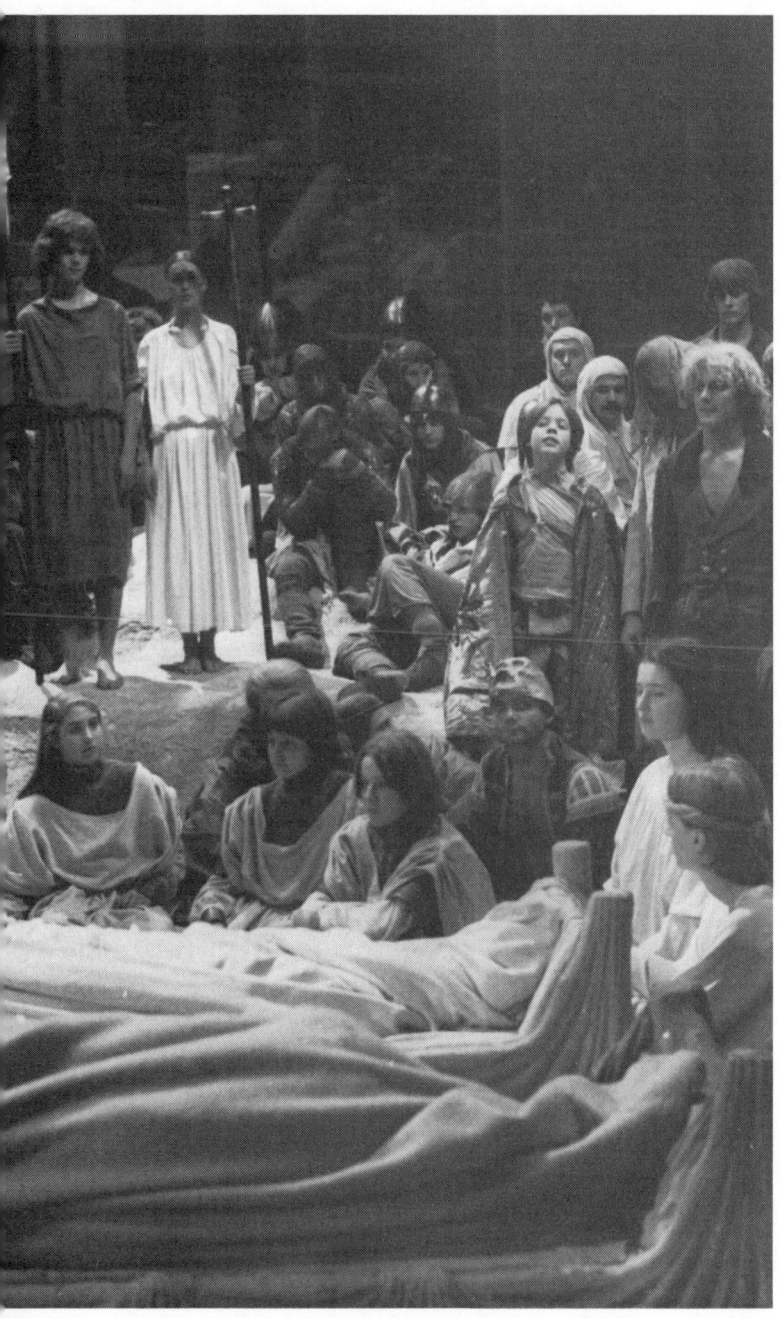

sumdemokratie so unerwünscht wie der Hitler-Film unter den Kindern des Hitler-Volks. Nur das alte, immer neue Wunder seiner Botschaft kann ihn retten, und das Mitleid seiner Musik, auf die sie alle warten. Das Gemeinmachen als Preis der Reinheit und das Gelächter der Gemeinen über ihren Sieg? Und wieder wird er sich, wie immer, darin beweisen, wie er den Versuchungen jeweils seiner Zeit entkommt. Aber auch welcher Triumph für die Idee Kino und Film, wenn diese Parsifal-Projektion streng durchgeführt wird. Ob sie das ermessen noch, ertragen?

4.

Eine Generation nach Becketts »Godot« und nun »Parsifal«, dieser »Parsifal« in seiner endlich auch optisch eingeholten Reinheit.

Ist das erlaubt, möglich, jenseits vom Museumsdienst an der Kultur? Am Ende des christlichen Zeitalters jeden Erlösungsglaubens und aller Messias-Verweigerungen? Erinnerung hilft, an ein Leben, an einen Menschen, am Ende dieses den alten Legenden noch viel näheren 19. Jahrhunderts; Erinnerung, die uns treibt, uns noch einmal zu realisieren. Richard Wagners Gerichtsstunde in der Stunde seines Todes aus der Sicht der Frau, sein Leben, die Liebessehnsucht und ihr fataler und katastrophaler Konflikt in einer unlösbaren Tragik, woraus er im Leben floh. In »Parsifal« nicht, es scheint das Ende glanzvoll und beruhigend zwar, die Musik ist's nicht, wenn auch oft auf ambivalente Weise erlösend durch die sinnliche Erfüllung der quälenden Verneinung der Frau.

Also die Frau, die verdammte, die erlöste Erlöserin als

Erzählerin von Richard Wagners Leben und als geheimes Zentrum von Anfang und Ende auch dieses Parsifal: war das erlaubt? Der nächste Film zu Wagner überschattete zutiefst dieses Universum: RW als Monolog von Judith Gautier.

5.

Die Opernfreunde werden manches verändert sehen und vermissen. Die Cineasten werden gelangweilt, vielleicht enttäuscht sein von dieser Lösung, die so üblich erscheint und wie Unterwerfung unter die Konvention der Oper, und sie werden simplen Richard-Wagner-Dienst kritisieren.

Das alles gehört zur Absicht dieses Films, seine Zurücknahme, die der Zeit entspricht und hoffentlich auf seine beste Weise. Wir wissen heute mehr. Was wir nicht tun sollten und warum, wie manches, was wir lieber so tun sollten, in alter Wahrheit und Reife lieb gewordener Übungen, mit dem entscheidenden Entschluß dann, das Neue innerhalb der Grenzen des eigentlich Erlaubten, Möglichen, Verständlichen so einzufügen, daß es unser Eigentum wird.

6.

Ist die Besetzungsidee aufgegangen?

Ich meine, sie schafft eine schöne Konstellation sich ergänzender Darstellungsmöglichkeiten. Gurnemanz, schon durch diese Besetzung der Opern-zuständige Führer, Entertainer, Erzähler des Ganzen, führt weg von den alten Stereotypen, die diese Musik quälten und beleidigten seit hundert Jahren. Statt Bier-Baß diese strahlende Stimme eines Robert Lloyd. »The shining voice« – das angestrebte Prinzip der musikalischen Aufnahmen zu diesem Film und beste Garantie für Richard Wagners Forderung nach »Deutlichkeit«.

Wie war es möglich, diese unglücklichen Vorbilder für Daumier- und Grosz-Karikaturen eines Parsifal optisch auf unseren Bühnen so lange zu ertragen, ohne schallendes Gelächter. (Und die, die lachten, waren nicht die Besten.) Diese fettleibigen Spießergreise und all das schmerzliche Plastikgetümmel als Bilder und Figuren einer ernsthaften Geschichte von Utopie und Sieg des Guten zu dieser musikalischen Erfüllung, ohne Skandal? Nur eine Erklärung ist vorstellbar, nämlich daß die Blindheit der Liebe – wie sie geeignet ist, die Realität zu verzaubern – für diese Musik alle berauscht haben muß und alles mit einem gnädigen Schleier benebelte, was ihnen sonst diesen Abgrund an Scheußlichkeit und Lächerlichem geöffnet haben müßte. Immer gemessen am Ernst, der hier zur Diskussion stand.

Die beiden Parsifals sich ergänzend durch Naivität, Narrenreinheit und Christus-ähnlicher Klarheit und Heiterkeit, werden erst miteinander eine große Einheit am Ende, von Anfang an alle übliche Komik Deutscher-Michel-Dümmlichkeit überwindend, als lächelnder Sieg der Naivität in dieser Welt. Wenigstens hier Kundry in fanatischer Demut, die Zerrissene von Ton und Bild, Maske und ihrer Musik.

Amfortas, durch Musiknähe Kenner und leidender Held, überlegen schon dadurch, daß er diese Musik auf ganz andere Weise zu verstehen und darzustellen vermag als andere.

Und Klingsor, der Typ des jungen Charles Laughton, als

Sänger nahe der Oper, als Darsteller von Shakespeare-Trauer.

Anläßlich des Hitler-Films schrieb ich von der letzten Steigerung der Puppenidee in der Darstellung durch ein Kind.

Nun ist dies Kind in diesem Film kein Kind mehr, sondern als Figuration des Glaubens und endlicher Vereinigung von alten, entgegenstehenden Welten ein durchscheinendes und reflektierendes Wesen der Unschuld geworden, wie es dieses Alter zwischen den Epochen der menschlichen Existenz nach der Kindheit und vor der Teilung in seine bewußte Zweigeschlechtlichkeit gerade noch zu sein möglich macht. Das ist eine Fortsetzung der alten Idee, eine neue Stufe dieser reinen Seelendarstellung eines allegorischen Spiels, das hier im »Parsifal« auch immer nicht nur erlaubt, sondern erwartet wird, und was das ganze Unternehmen so riskant und schwierig und eigentlich unmöglich macht.

Lange war daran gedacht gewesen, die Allegorie des Todes in der Besetzung von Veruschka von Lehndorff einzubeziehen. Das wurde dann anders gelöst.

Die Idee, Peter Lühr als alten Gurnemanz zu besetzen, mußte seinen »Merlin«-Verpflichtungen geopfert werden.

Und Richard Wagner selbst, in der Totenmaske von Bernhard Minetti gesprochen und hinter den Wechsel des Parsifal I in Parsifal II projiziert, zu dem großen Wundenmonolog über Amfortas nach dem Kuß, mit den Worten: »Hier im Herzen der Brand«, »Sehnen« und »Qual der Liebe«, wurde jetzt durch die Projektion der originalen Totenmaske ersetzt.

Alles das ist heute nicht mehr gut vorstellbar, und so soll es auch sein.

Dreimal sprengt der Ton den selbstauferlegten Rahmen der vorgegebenen Musik des Wagnerschen »Parsifal«. Wir beginnen mit einem Selbstzitat aus diesem »Parsifal« von Glocken und von der Stimme Kundrys und unterlegen den Titelbildern vom Chaos des Endes unserer Welt Orchesterproben, aus denen dann dieser »Parsifal« wie ferne Erinnerung entsteht. Und wir enden mit jener Stimme Kundrys noch einmal und lassen Glocken, wie Echo dieser Erinnerungen an die vergangenen Kulturen und an unser Leben und Menschengeschichte und ihrer Abenteuer, langsam enden im Schwarz der letzten Ausblende.

Einmal in der Mitte des Films, am Ende des 2. Aktes, wieder die Glocken über die Musik Richard Wagners hinausgehend, als Zeichen der Suche und Wanderungen in Richtung Gral. Wie gesagt: dem Opernbesucher sicher ein Sakrileg, zuviel, wer darf es wagen, will Richard Wagner ergänzen, ändern; den deutschen Cinéasten sicher zu wenig, ohne Sinn, zumal sie den hier nicht geübt sind zu finden in der Wut ihres identitätlosen Denkens.

8.

Mit zwei nachträglichen Eingriffen der Trickmontage erlauben wir uns, Fehler zu korrigieren, und hoffen, daß das Ergebnis diese sonst abgelehnte Korrektur auch mehr rechtfertigt. Einmal fügten wir am Anfang, durch Diapositiv eingeblendet, das Innere des Wagnerschen Hausrocks so ein, daß nun sein Sternenfutter – zwischen Herzeleide und Abgang des kleinen Parsifals in die Welt – diesen Parsifal empfangen wird als Zeichen seiner Herkunft und seines Ziels, mit einigen erfreulichen Nebeneffekten der

Puppenlokalisierung in dieser wärmenden Umhüllung als Urmythos oder Urbild aller weiteren Abenteuer.

Wir tun es auch deshalb, weil dieser Hausrock mit Sternenfutter im Vorspiel neben den Wagnerschen Karikaturen zu dunkel und undeutlich geriet.

Und dann versuchten wir am Ende des Films, den vergessenen Ölschwan auf gleiche Weise mit eingeblendetem Dia nachzutragen in der dritten Szene des Amfortas-Endes, um so die bei der Aufnahme vergessene Pest dieser Zeit jetzt und auf solche Weise wie ein drohendes Unheil, überall und alles umfassend, einzubauen – und nicht nur als Requisitenteil im Raum unter anderen stehend.

Und dreimal erlaubten wir uns in diesen, wie in einem Stummfilm hermetisch geschlossenen Organismus der Bilder und Musik einzudringen und Geräusche dieser Realität, unserer Welt, hinzuzufügen. Zuerst, im 1. Akt, am Anfang zwischen Vorspiel und Aufwachen des Gurnemanz das Geräusch der Quelle am Morgen, bevor die Musik beginnt Wasser, als dieses Werk begleitende Symbol verschiedenster Art, und dann in der von Richard Wagner vorgesehenen Pause – vier Sekunden vor dem ersten Titurel-Monolog, durch das dumpfe Tropfen des Wassers in seinem elendigen Keller unter dem Gralstempel, in den wir ihn zu seinem Untergang verbannt haben, unter dem Kopf Richard Wagners. Und dann im 3. Akt, in der Aue, versuchten wir das Geräusch des zwölfstrahligen Lebensbrunnens aus van Eycks Genter Altar vorsichtig und kurz der Musik zuzufügen, als akustisches Zeichen der Reinheit und des Sieges in dieser allegorischen Welt. Das ist mehr als nur überraschende Erweiterung der bisherigen Ebenen von Bild und Musikwelt sich ergänzend auf wichtige Weise. Wer nicht bis an die Grenzen geht, ist auch hier verloren.

Diese Musikaufnahme, in weniger als einem halben Jahr organisiert unter den beschriebenen Umständen und Zwang, und mit der Absicht einer Konfrontation zum Bestehenden, und in aller handwerklichen Demut, etwa wie sie Dresdens Kreuzkirche gegenüber Bach garantiert, ist eines dieser Wunder, die am Anfang des Ganzen standen.

Der südliche Charakter dieser Musikaufnahme befreit diesen »Parsifal« von der auf ihm lastenden Schwere seiner bis dahin nördlichen Aufführungstradition, und wir erinnern uns, daß Richard Wagner viel im Süden war, als er an diesem »Parsifal« arbeitete, und wir erinnern uns, daß das Mittelalter dieses Parsifal das Paradies im Süden des Mittelmeers suchte, von Sizilien und Rom bis Jerusalem. Nicht ohne Grund beginnt dieser »Parsifal« Richard Wagners südlich der Pyrenäen und nicht in germanischen Wäldern. Die Deutschen zogen in den Süden, wenn sie ihr heiliges Reich suchten. Der Chor zu dieser Aufnahme ergänzte aus Prag kommend vielleicht in bester europäischer Tradition das Orchester aus Monte Carlo.

10.

Es gibt zwei grenzüberschreitende Formen in der Kunst, die einander ausschließen. Das Experiment und das Gesamtkunstwerk mit seinem Absolutheitsanspruch der Totalität. Es ist verständlich, daß gerade die Nach-Hitler-Generation in Deutschland, jenen Totalanspruch meidend, glaubt, im Experimentanspruch allen Gefahren zu entkommen, selbst wenn die Experimente schon längst zur Modeattitüde verkommen sind, und dann um so mehr. Dieser »Parsifal« mußte von Anfang an stehen und fallen mit seinem Anspruch auf Absolutheit und Totalität, wie demütig und asketisch ihm auch immer aufgetragen ist, sich rar zu machen und aller Konsumvulgarität zu entkommen. Das liegt in der Natur seiner Existenz, darum auch die Abwehr durch Deutschland und die Notwendigkeit seiner Entstehung nach Hitler und gerade aus diesem Deutschland, was mit dem Ludwig-Film langsam, noch ganz naiv begann.

Es war dies der Weg von der Naivität und von einem noch unbewußt programmatischen Versuch zu einem Gralszyklus bis zu seiner asketischen Apotheose, von der Totale der Bilder mit den musikalischen Kontrapunkten der Tonmontagen zu der Identität der Gesichtsnähe vor der Kamera, die jede äußere Projektionstechnik nach innen verlegt, mit der Enthüllung jener Musik, die wir als tönenden Geist der Welt erkennen dürfen, ohne ironische Flucht in den Kitsch, zu einem neuen, aufgeklärten deutschen Idealismus jener aus der Klassik bekannter Formenstrenge und eigener Natur und hin zu neuerinnerter Schönheit aus der Freiheit zurückgewonnener Formendichte, in der neuen Strenge der Bescheidung.

Dieser Parsifal ist ein hermetisches Gebilde, wie der Torso mancher wiedererweckten Erinnerungen. Doch ist er auch eingelassen in einen neuen Rahmen am Anfang und Ende, der sich öffnet durch die Endlosigkeit seiner allmählich versiegenden Töne und durch die Vorstellungen, die sie damit in uns ermöglichen. Diese Glocken und Schreie am Anfang und Ende des Films machen das geschlossene Monument dieses »Parsifal« zu unserem.

Der Kuß der Erkenntnis im 2. Akt von Kundry an Parsifal, so gerne als Zentrum der Interpretationstraditionen und Aufführungen genommen, wird hier nicht nur zum Anlaß der Mutation des Parsifal von seiner männlichen in seine weibliche Existenzmöglichkeit und durch seinen Gegenkuß im 3. Akt von Parsifal an Kundry nun, so groß und in voller Tränenseligkeit, erlöst, sondern wird auch durch jenen dritten Kuß am Anfang des 2. Akts von Kundry in Richtung Wagner-Kopf, zu Füßen des armen Klingsor, auf besondere Weise kommentierend variiert: durch das Sehnsuchtsmotiv. Diese Verschränkungen von Motiven, mit denen Richard Wagner seine Interpreten, anläßlich verschiedener Möglichkeiten, musikalisch leitmotivisch spielen läßt, galt es, bis zur Endlosigkeit ihrer optischen Ambivalenz weiterzuführen.

Auch daß die Gralszeremonie nun nur mehr als Schattenreflex auf dem Gewand des Glaubens stattfindet und daß die Reinheitsutopie der Gralsgesellschaft im Tod endet und daß dieser Parsifal am Ende in dieser Version, aus seiner jahrhundertealten Zweiteilung erlöst, eins werden kann, und daß Frauenfluch und ewiger Jude zur Ruhe kommen, Geteiltes durch Jahrhunderte nun zusammenfindet, auch daß die eigentliche Liebestragödie in die Komödie unseres Untergangs mündet, alles das ist nicht so anrührend und eigentlich ernst zu nehmen wie die kleinen, kurzen, sehnenden Augen-Blicke jener Kundry in den verschiedenen Varianten ihrer Möglichkeiten.

Da ist dieser Blick vor der ersten Begegnung mit Amfortas mit seltsamen, verdrehten und traurigen Augen. Da sind ihre geschlossenen Lider vor Klingsor, wenn sie sich in den großen Wahnsinnsmonolog von Tod und Wut einläßt. Und da sind die Blicke zu Parsifal, dem Knaben, während ihres Herzeleide-Monologs, wenn sie die Parsifal-Puppe wiegt als Mutter und mit stechendem Blick aufschaut auf ihre Wirkung, verfallen in die Tragik ihrer Verführung,

und da sind jene Blicke während der Verführungsszene mit
Parsifal II, wenn sie in der Imitatio Christi sich ihres
Lachens erinnert über ihn und seinen Blick, nun selbst zur
Heiligen werdend – als Vorgabe zu jenem Aufwachen nach
dem letzten Aufbäumen ihres Irrens am Anfang des 3.
Akts –, schreiend, mit geschlossenen Augen, und sich
langsam ergebend in die Schlichtheit ihrer Demut bis zu
den Tränen der Aue und ihres Endes in diesem Spiel.

Aber wenn sich die Vorhänge dieser Augenlider schließen am Ende der Oper, beginnen die Töne der inneren
Vision mit versiegenden Glocken der letzten Gralszeremonie und fürchterlichem Stimmennachklang ihrer eigenen
Existenz, die Visionen unseres Fatums, wie zu Beginn, und
es schließt sich der Kreis.

Der so ins Weite dieser Erinnerungen gerichtete starre
Blick einer visionären Gralshüterin, jungfräulich, am
Anfang und Ende eines solchen »Parsifal«, weiß von der
geistigen Intimität jenes schwermütigen Blicks der Liebe,
den unsere Tragik bedingt. Im Eros der Tränen, in denen
unsere Erinnerungen untergehen zum tönenden Schwarz
der Auf- und Abblenden am Anfang und Ende aller
unserer späten Kunstversuche. Unzeitgemäß wie unsere
Erinnerungen, voll lächerlicher Einsamkeiten, lächelnd,
wenn es gelingt, wie traurig oder tragisch auch immer.

12.

Und dann das Wort »Sehnen« als geistiges Zentrum dieser
Suche nach dem Gral. Dieses Sehnen des Klingsor, der
Kundry und des Parsifal und Amfortas ist allen gemeinsam
und führt zurück auf ihren Erfinder und Urheber, dessen

Kopf aus der Stunde seines Todes die Einheit des Ortes zwar und Sinn garantierte, aber dessen Sinnlichkeit und ihre Risiken dieser Musik zutiefst bedarf. Parsifal: »Das Sehnen, das furchtbare Sehnen«, nach seinem Ausruf: »O Qual der Liebe«; Klingsor: »Furchtbare Not ungebändigtem Sehnens«; Kundry: »Ja, mein Fluch, Sehnen, Sehnen«; Amfortas: »Die Wunde . . . aus der mit blutigen Tränen der Göttliche weint ob der Menschheit Schmach in mitleidsheiligem Sehnen . . .«

13

Fassen wir zusammen.

Man kann sagen, hier habe eine Opernverfilmung stattgefunden mit teilweise Nicht-Sängern. Wer so spricht, kennt nicht die ästhetische Entwicklung der Arbeiten dessen, der dies macht in den letzten zehn Jahren und den Ernst und die Konsequenzen seiner Absichten.

Am Anfang stand die Überlegung, daß Sänger in Opernfilmen meistens nicht Originalton singen, sondern sich selber synchronisieren, also ihre Stimme nachmachen, spielen, imitieren, sich montieren. Dann die Überlegung, daß Film durch Montage entsteht, Montage von Bild- und Tonebenen, ähnlich dem Puppenspiel, wo die Stimme von hinten oder oben die Bewegung der Puppen und Bilder begleitet, so oder so. Und es gibt eine alte Erkenntnis, daß verschiedene Tonebenen zur Bildebene sich kreuzen können, auseinanderlaufen, divergieren und kontrastieren, wie sie manchmal in besonderer Identität zusammenkommen können zur Klimax optisch-akustischer Identität bis zur Lippensynchronität im Gesicht eines singenden Menschen, der von ferne, von hinten oder oben kommenden Töne, was eine Identität schafft höchster denkbarer Möglichkeiten von Gedanken und Realität.

Wenn Oper und Musik als höchste Stufe geistiger Weltekstase verstanden werden kann, aber sich durch praktische Hindernisse unseres Alltags, der Technik der Bühne oder aller bekannten Stimmen- und Körperdivergenz optischer und sinnlicher Realität, dieser Ideen- und Realitätssprung bisher nur in Teilen je realisieren ließ, muß es als höchste Erfüllung gelten, wenn es gelingt, Bild und Tonebenen unserer singenden Existenz einmal an einem großen Thema und den großen Gedankenfiguren unserer Welt so zusammenzubringen bis zur höchsten Einheit, bis zur Lippensynchronität des tönenden Geists der Welt im Gesicht eines Menschen, dessen Maske die Musik unserer Seele enthüllt. Und das Ganze als Mythos Film, wie nur er es und endlich zu erfüllen vermag, so radikal, absolut und total, wie es mit sanfter Logik unserer späten Erkenntnis-Erinnerung möglich ist.

Es gilt, Musik sichtbar zu machen, wie noch nie gehört. Das Unmögliche, und das schafft man nur mit äußerster Konzentration aufs Wesentliche, und immer wieder und immer mehr, wenn wir glauben, es einmal gewinnen zu wollen.

14

Und so ist am Ende zusammengebracht, was durch unsere Geschichte geteilt war. Wie Amfortas und Kundry sich vereinigen im Tode dieses Films und die beiden Geschlechter des Parsifal in der paradiesischen Umarmung dieses Kopfes eins werden und altes und neues Gesetz zur endlichen Vermählung kommt und über alle Abgründe unserer Zweiteilung und Gespaltenheit in Elementen und Natur hinweg, gelingt es uns mit der Technik unserer Zeit, ideale Stimme und idealen Körper, Bilder und Töne, durch die alle Wunden heilende Trauer dieser Musik zu vereinen, in der gebändigten Ekstase unserer Meditation, die einmündet in die demütige Erhöhung des unendlichen Weinens, in der Vereinigung solch rettender Töne und dieser Bilder vielleicht. Nicht als vorübergehendes Ereignis, verschämt oder ironisch provokative Zitate des Augenblicks, sondern in der ganzen Macht der Wahrheit, wie Kunst sie immer noch, und vielleicht gerade noch, garantiert.

15

Wenn es gelingt, gibt es ohne die ironische Spannung und Absicherung der verschiedenen Bild- und Tonebenen jene immer und letztlich gesuchte Gefühls- und Geistesharmonie der Dinge.

Der Film »Ludwig« konnte zur Opernfigur werden, wie er immer wollte, mit Hilfe der ironischen Montage, aber er konnte nicht singen, ohne lächerlich zu werden. »Karl May« und »Hitler« wurden erst durch die Musik zur Totalität ihrer mit Film möglichen Erkenntnis für uns, aber eine Identität unserer Sehnsüchte nach jener oben gesuchten utopischen Harmonie konnte ihnen von vornherein nicht zugemutet werden, konnte nicht von ihnen ausgehen auf der Ebene, die hier gemeint ist. Es sei denn für uns im Erkenntnissprung, den tragische Erfahrung mit sich bringt. Wir entnehmen aus der erhöhenden Einsicht des Scheiterns seltsame Freude für uns.

Die aber hier, anläßlich des »Parsifal«, nicht selbstverständliche Erkenntnis musikalischer und bildlicher Identität ist vielleicht nur möglich durch die Hintertür unserer Technik zum Paradies, durch die Montage verschiedenster menschlicher Anstrengungen zu einer Einheit, eben soweit es unsere Zeit zu wagen und zu erkennen möglich macht, wie die Möglichkeiten anderer Epochen, ihren Erkenntnissen soweit gedient zu haben, wie wir an der Qualität ihrer Kunst ablesen können. Wer darunter bleibt unter seiner Zeit, ist ihrer nicht würdig.

So wie das Lachen der Kundry ihre höchste Sehnsucht auf ironische Weise verbirgt und wie sie ihre tragische Lust nach vergeblicher Ewigkeit in diesem Leben als Fluch erfahren muß, als Rache dieser unstillbaren ewigen Sehnsucht und unerfüllbar – denn keiner weiß mehr, in der verschiedenstufigen Naivität von Parsifal bis Gurnemanz und Titurel, als diese leidende Gralssucherin aus zu großer Liebe bis zum Ende dieses Welterlösungsspiels –, so mußte Richard Wagner leben unter dem Gelächter, das seine lange unerfüllte und eigentlich unerfüllbare Vision über ihn ausgoß.

Unter der Vorgabe seines musikalischen Werks, das er jener ersten Gestalt auf der Bühne als Mann-Frau-Einheit des Fidelio wie eine Vision abgewann und die er aus dem Auftritt dieser singenden Schauspielerin in ihrem dramatischen Spiel erfuhr als menschlich-ekstatische Identität von Dämonie und Wärme, so daß er diesem Bilde alles spätere, was er zu machen gedachte, zu widmen schwor, sah er sich gescheitert oft und immer wieder bei der Realisierung seiner Musik auf den Bühnen dieser Welt, die er doch mit so viel Willen und Energie sich selbst geschaffen.

Und so, wie es unmöglich war, einen Parsifal idealer Art mit stimmlicher und optischer Identität zu realisieren bisher, der der Idealität dieser Musik entspräche, ohne Nachsicht der Augen und des Gehirns, oder eben jene Kundry zu realisieren, in der alles zusammenkommt, was je ein Wagner gewagt, jenes Urbild seines Werks – es sei denn in Andeutungen oder teilweise, wie auch hier vielleicht mehr oder weniger gelungen –, so ist dies hier doch die Möglichkeit vielleicht, diese Musik zu versöhnen mit dem sinnlichen Auge unseres Geistes, einfach weil die Technik unserer Zeit eine Konzeption ermöglicht, die der Struktur einer Ästhetik zu folgen imstande ist, durch Jahre geübt an Themen, die konsequenterweise hier münden mußten, in diese Konzentration und Ruhe.

Aber Ruhe dieser Art ist auch wie letzte Ruhe, und das ist der Tod, und der Preis der Erkenntnis ist das Ende.

16

Denn Leben entsteht durch Spannung, und sei es bis zum Bruch. Diese Ahnung ist der Preis des Wissens um die Vergänglichkeit. So ist die Tragik der Liebeserfahrung der Preis der Liebe, und Richard Wagner wußte es, wie nur irgendeiner in dem unstillbaren Triebe seiner unendlichen Musikbewegungen, die davon Auskunft geben wie kaum eine Musik und eine Kunst zuvor. Es gehört zu den Geheimnissen dieser musikalischen Existenz des Menschen, daß er in ihr für kurze Zeit ruhend in sich diese höchste Vollendung erfährt, wenigstens für den Augenblick jenes Wahnsinns, den Richard Wagner »vollste Selbstentäußerung des verlorenen Bewußtseins in dem plötzlichen Innewerden des Spiels« nannte, so wie seine Kundry, alles andere verbindend, dies nach seiner frühen

Vision nun sein kann und ist, was diese Kunst vermag, das Elend bannend für diesen Augen-Blick ihres Seins, in dieser Figur voll trauriger Liebe im Innern der gewaltigen Todesmaske und angesichts dieses ins Monumentale vergrößerten Wagnerkopfes: Wie groß im Studio und wie klein im täglichen Leben sind wir doch.

17.

Und so sind die wahren Abenteuer dieses »Parsifal« als Film nicht eine Story oder Legende mit Musik in neuer Interpretation eines Regisseurs, und es sind nicht die Bilder eines Kamera-Auges als Ergänzung zur Musik, so verdienstvoll auch immer die am Ende hier wichtig sind, sondern die »Erfindungen fürs innere Auge«. Ähnlich den aus Bild- und Tonmontage entstandenen inneren Vorstellungen im Kopf des Zuschauers als etwas Neues, Drittes, den vorhergehenden Filmen dieser Art vergleichbar oder den poetischen Phantasien des Leser-Auges gleich, ist diese Kombination und Verschmelzung aus dem Zwei- und Vielgeteilten zur neuen Einheit gemeint, die sich ergeben aus der neugewonnenen Stimm- und Körperidentität und nicht aus der irdischen Geschlechtsidentität in den Figuren, Dingen, Gesichtern und Bildern im Geiste der Musik, aus verschiedenen Zitaten der Geschichte und Assoziationen, die wie Schatten aus fernen Erfahrungen zum Mythos der Erinnerungen werden, wie sie von hunderten und tausenden Jahren »Rechenschaft geben« aus unseren Sehnsüchten und Erfüllungen in dem Wahnwitz des Augenblicks, der nur in der Kunst Realität zu werden imstande ist, als Suche nach dem Gral zumindest, eben in

Herzustellen war das klingende Bild, das Bild das zu klingen
beginnt, wenn Musik darauf trifft im Echo der heiteren Erinnerungen, auf seltsame Weise. Besonders in den Gesichtern und
den Bildern davon.

»In höchster Not
wähn ich sein Auge schon nah.– . . .

. . . den Blick schon auf mir ruhn . . .«

Es ist dieser »schwermütige Blick der Liebe« der Kundry hier, selbst zur Heiligen werdend, direkt in die Kamera und zu jedermann . . .

und es ist dieser schwermütige Blick der Liebe dieser Parsifal-
Musik, von dem Nietzsche spricht, . . .

... mit dem sie in einer Imitatio Christi ihm gleich wird und der hier den Sieg kostet, den Sieg der Verführung, ihr der Christus-Gegnerin.

jenen »schönen Erfindungen fürs innere Auge«, die Nietzsche so sehr vermissen mußte im Alltag Bayreuths vor hundert Jahren in seiner grenzenlosen Freude an diesen unrealisierten Musikdramen, des von ihm erhofften neuen Kapitels europäischer Tragödienchance.

18.

Der Sänger-Film als Gegensatz zum hier Gemeinten. Der Sänger-Film dokumentiert die Arbeit des Singens. Hier projiziert die Phantasie des Zuschauers in das klingende Bild hinein, was er hört. Man muß nur aufpassen beim Herstellen dieser Bilder, daß man die beim Hören entstehende Phantasie nicht zerstört, sondern stärkt und anreichert. Man vergleiche die Fotos der üblichen Bühnendarstellungen oder ihrer Filmdokumente mit dem, was hier klingendes Bild genannt wurde. Und oft ist man ungerecht gegen die Sänger wegen dieser Bilder von ihnen, die auf jene Weise entstanden.

Herzustellen war das klingende Bild, das Bild, das zu klingen beginnt, wenn Musik darauf trifft im Echo der heitersten Erinnerungen, auf seltsame Weise und das besonders in den Gesichtern und deren Bildern davon.

Das Bild des Films ist nicht das im Standfoto zu dokumentierende Quadrat, sondern der Fluß, die Abfolge, der Rhythmus, der entsteht aus Licht, Bewegungen, Assoziationen, Schnitten, Schärfen, Unschärfen, Nähe und Ferne und Köpfen und Details der Welt, die ein Universum entstehen lassen, jenseits der Aktion oder von vertuschten Flüchtigkeiten, aus denen sonst Schnitte und die sogenannten schönen Bilder der Kamera entstehen.

Die Musik macht hörbar, was unsagbar ist, aber es zerrinnt. Es gibt Bilder, die fixieren, halten fest, bewahren, was nicht zu sehen ist. Und wenn es gelingt, werden sie zum tönenden Geist eben dieser Welt aus den schönsten Erfindungen fürs innere Auge im schwermütigen Blick der Liebe, in jener erlösenden Heiterkeit, aus dem Blut des Sehnens, von dem Richard Wagner immer spricht. Musik aus Deutschland, d. h. the blood of suffering, zu Film geworden, nach dem alten Gesetz: die Risiken und äußersten Extreme auf eine Mitte gebracht in höchster Ebene, je höher die Risiken und Abgründe zuvor.

Das Wunder dieses »Parsifal« ist, den Mythos der Erinnerung realisiert zu haben, ohne nostalgische Denkmalspflege, ohne Provokation nötig zu haben und ohne üblichen Underground-Kult oder Freak-Gebärden. Dieser Parsifal mußte nicht zwergwüchsig sein oder in Gestalt eines unverständlichen Greises auftreten, und seine androgyne Erscheinung brauchte keine schwulen Geschäftigkeiten. Im Gegenteil, es ist, als ob wir eine alte Vorstellung erfüllten in dieser kaputten Zeit, aus diesem verfluchten Land, und das ist vielleicht seine Provokation, ohne Provokation auszukommen und trotzdem bis an die Grenzen des überhaupt Möglichen im Geiste seiner ihm innewohnenden Abgründe, auch der unserer Zeit, gegangen zu sein, uns die Ehre gebend. Das ist der unerhörte Anspruch, noch einmal das Unmögliche eines solchen Weltsystems gewagt zu haben, im vollen Sinn seines Ursprungs und ganz ohne Ironie, mit aller ihm innewohnenden Komik und Tragik. Statt Sprache Gesang und statt Montage diese Welterlösung als Selbsterlösungswerk im Spiel der Mittel, die unsere Zeit uns gab – und das ist hier der Film.

19.

Entweder dies ist ein Film oder dies sind Filme wie keine anderen, das Maximum des Geistigen und des mit Filmen unserer Zeit und Umgebung Erreichbaren, oder es ist etwas anderes als Film, abseits, ausgestiegen aus dem Ghetto dessen, was aus dem geworden ist, was Film einmal hätte sein können; eine Lebenserkenntnis und Weltüberlegung, die sich auch des Films bedient. Nicht Philosophie, eher Meditation eigener Art vielleicht, nach dem Grunde der möglichen Existenz suchend, forschend unter Einsatz aller Mittel. Man kann das mit Bildern machen und Texten, und das ist dann hier auch der Film und gerne, anstelle von nichtgehaltenen oder ergänzten Reden, gekürzten Interviews und den Fotos, Bildern für spätere Dokumentationen, Tagesnotizen, Büchern, manchmal Briefen auch und anstelle dieses Lebens des nichtgelebten, geopferten und gegen diese Welt gesetzt mit ziemlicher Entschlossenheit. Reflexionen einer nach-hitlerischen Existenz und Bruchstücke der Erinnerungen aus Deutschland vor unserem Ende.

Und wenn alles zusammenkommt, ist es jener Augenblick des Wahn-Sinns, den auch diese Filme kennen, wie diese Musik, mit jener Sehnsucht nach Dauer, in die wir nun gebannt sind, noch einmal und wieder – wie lange?

20.

Es gibt die Tränen des Eros, aber auch den Eros der Tränen. Im »Parsifal« von Richard Wagner also wieder ein Fall jenes seltenen und erfolgreichen Versuchs, den kleinen Tod in der Liebe und unseres Lebens und unserer Welten zu überwinden, in der Suche nach dem ewigen Leben des Grals unter gleichzeitiger Verteufelung der irdischen Liebe in der Gestalt der Frau und deren diesseitiger Verführungskünste, die vom jenseitigen Ruhm und Erfolg abhalten? Und es ist daraus wachsend der gierige Versuch, den großen Tod allen Erdenlebens in eine Heroisierung zu retten durch Sublimierung, Überhöhung, Mythologisierung, uns zu überwinden für das ewige Leben des Augenblicks der Kunst. Das Leben opfernd zu gewinnen, wovon wir leben, in der tötenden Lust unseres Schmerzes, dem letzten oder schon verlorenen Glanz im Eros der Tränen.

Schlußnotiz

Wenn unser Leben und die Welt unseres Kosmos von den Urtrieben wie Nahrungssicherung, Fortpflanzung, Arterhaltung und -weiterentwicklung sowie dem allgemeinen Existenzkampf bestimmt sind und diese Grundtypen des Verhaltens sublimiert werden in dem Liebestrieb der Sehnsucht, in der sozialen Utopie der Hoffnung, unserer Religionen und der abenteuerlichsten Neugier des Existenzwillens, dann ist dieser Parsifal-Mythos auf der Suche nach dem Gral eine Vereinigung all dieser Archetypen unserer Bewegungen und Meditationen, in unaufhörlichem Kampf mit sich, im Lebenstrieb so unerbittlich, wie gierig in seiner Todessucht.

Dieser Parsifal, eine Komödie – ein Liebes-Film? Entsprechend der alten Weisheit, nach der den Untergang am besten die Komödie beschreibt, wird hier versucht, die

Taktik unserer Existenz mit Heiterkeit darzustellen, die Unvereinbares vereint, in Liebe, wie nur die Kunst sie kennt und Tragik und Komödie umschließt, zum Mythos werden, ein Stein, an dem man sich wärmen kann – woran wir verbrennen sollten.

So wird der ursprüngliche Zeugungstrieb, diese List der Naturgesetze, sich fortpflanzend dem Tode zu entziehen, in immer neue Generationen des Lebens zum sublimierten Trick des Menschen aus Todesnot und -Gewissenheit, -Sucht und -Flucht zu entkommen: Durch das einsame Glück, wenn wir es haben, im geistig-sinnlichen Gegenmodell zur Welt, eine künstliche Ewigkeit zu gewinnen, uns vorzutäuschen für kurze Zeit auf göttliche Weise, die wir uns erfanden, und sei es in der Kunst der Zerstörung als letzte Rettung für den, der das andere nicht schafft und worin wir schon einmal in diesem Jahrhundert die Größten waren auf teuflische Weise.

Oder es gelingt jene Heiterkeit der Kunst des höchsten Glücks der menschlichen Lust als Vorschein der unfaßbaren Ewigkeit, bis uns die Nacht des Universums auf immer umfängt.

Tief über den Tod gebeugt, mit geschlossenen Augen in der Schwärze der Nacht, jene Frau, die uns gebar, die Natur als Feindin des künstlichen Prinzips Ewigkeit, todbringend, zu neuem Leben aus sich, mit dem Trieb zu jener zwecklosen Heiterkeit des Menschen, aus dem die Schönheit, als sinnliche Freude und höchste Stufe der Freiheit, durch das eigene und selbstgegebene und erworbene Gesetz unserer Erkenntnis.

Wir sehen uns dann auf der Suche nach dem Gral unter der

großen Mutterversion der Erinnerungen im Angesicht der Todesmaske der Erkenntnis, aus der das Blut fiel unserer Leiden, mit einer Wunde als Tunnel zu unserem Herzen, außerhalb des Körpers unserer alltäglichen Erscheinung, zwischen Geburt und Tod, Natur- und Kunstewigkeit, mit der Sehnsucht nach dem phallischen Fruchtblasen-Paradies einer magisch-mystischen Vorexistenz, zurückgeholt in die künstlichen Gärten der Utopien und Ideen und Träume und Phantasien als Kinder der Hoffnungen und Illusionen der Kunst. Zweigeteilt in den bekannten Fluch und den Glaubenstrieb an kurze Vereinigung in reinster Liebeseinfalt, mit wechselnden Figuren und Geschichten dessen, was wir so leicht Mythos nennen, die absolutheitssüchtigen Maskenspiele um das Wesentliche, aus dem Geiste der Musik unseres Kopfes in die innigsten Erfindungen der tragischen Komödie dieser sinnlichen Existenz voller Hinfälligkeit und Lust und Irren zum ewigen Leben, immer wieder.

Und so sind die wahren Abenteuer dieses Parsifal nicht die
Bilder eines Kamera-Auges, sondern die »Erfindungen fürs
innere Auge«.

Der vereiste Gralstempel.
Am Ende der Welt.

Nachwort

Die Musik zu einem »Parsifal« von Richard Wagner aus Monte Carlo? Aber es geschah, und mehr – es war wie ein Wunder.

Nach den Musikaufnahmen in Monte Carlo im Sommer 1981 habe ich gedacht und gesagt und war zutiefst überzeugt, diese Intensität des durchaus faßbaren Glücksgefühls einer Arbeit unmöglich umsetzen zu können.

Das begann schon mit einer Verzweiflung über den allgemeinen Analphabetismus in Sachen Kultur und durchaus auch Film innerhalb unseres Landes und mit meinem Zweifel an der Arbeitskonzentration, die nötig ist, das zu tun, was zu tun war.

Das Wunder von Monte Carlo aber hat sich fortgesetzt. Wenn dieser »Parsifal« nun entstanden ist, dann ist es ein Wunder. Abgetrotzt in Deutschland den von den Intellektuellen, sogenannten Demokraten, verachteten Kapitalisten unter den Förderungsinstitutionen, nachdem jene ihn ablehnten, also finanziert von den auf ökonomische Absichten eigentlich eher ausgerichteten Förderungsanstalten der Filmwirtschaft in Berlin und Bayern und einer Firma wie Gaumont in Paris. Und gegen alle bürokratischen Auflagen, die diesem Film durchaus zu schaffen machten.

Und wie immer, waren es wenige, die halfen, insistierten, retteten, und ihnen sei gedankt, auch im Namen jener vielleicht, die sich überzeugen ließen.

So entstand dieser Film zwischen Paris, das die Musik und einen großen Teil des Geldes zur Produktion lieferte, und Ost-Berlin und der Dresdner Oper, woher der Tenor Rainer Goldberg kam, mit idealer Stimme, lyrisch und zart, und vor allem ohne Zugriff unserer Mediengewaltigen der Beta- und Bayreuth-Verträge. Und dieser »Parsifal« entstand mit den Sängern des Auslandes, Yvonne Minton und Robert Lloyd zum Beispiel, von deutschen Emigranten trainiert, in einer Vorkriegskultur, die vielleicht manches der Tradition unseres Landes noch einmal anfügt, was hier schon lange verloren. Und er entstand durchaus mit dem guten Vorbild unserer musikalischen Mitarbeiter aus dem Ausland, die unseren »Parsifal« kennen und lieben, wie wir's in diesem Lande von der Wertarbeit früherer Zeiten gewohnt waren.

Und so wuchs langsam ein Team zusammen mit allgemein zunehmender Besessenheit und Konzentration, sorgfältig und selbstverständlich arbeitete einer dem anderen zu. Und wenn dieser »Parsifal« entstand, wie wir ihn heute sehen, so wäre das Werner Achmann zu danken, dem Architekten, und dem noch immer vorhandenen und erstaunlichen Handwerk seiner Mitarbeiter, dessen sichtbarste Form der Kopf der Totenmaske Richard Wagners in Porträt-Ähnlichkeit wurde, bis zum Brunnen nach dem van Eyckschen Tafelbild aus Gent. Und alles in Zusammenarbeit mit dem Bildhauer Rotter und den Vorzeichnungen und der Assistenz von Hans Kunitzberger, dessen erster Film dies war.

Es klingt wie üblicher Dank und ist doch kaum aufzuzählen, was hier an Energie in kurzer Zeit, und als Ergebnis fast unsichtbar, im Film geleistet wurde; zum Beispiel die Puppen nach den Kostümen der Uraufführung des »Parsifal« von 1882 mit originalgetreuen Gesichtern der damaligen Solisten, und die Richard-Wagner-Figuren als Puppen nach den Karikaturzeichnungen nun plastisch, oder die vielen Malereien für die projizierten Hintergründe von Kunitzberger und Ploner und Modelle verschiedenster Art von Flo Nordhoff zum Beispiel (der zerstörte Gralstempel nach dem Bühnenbild von 1882 und der Totenkopf mit Reichskrone nach der Kapuzinergruft in Wien) sowie die Besessenheit eines Bruce Cohen, des musikalisch-technischen Beraters, der zweimal den Film wirklich fast gerettet hat, indem er gefährlichste Synchrondefekte aufspürte und zu beheben half.

Die großen Firmen, zu deren Alltagsroutine das Herstellen von Musikfilmen dieser Art gehört, wissen von diesen Nöten und könnten sicher lange Geschichten erzählen aus eigenen Katastrophen. Wir, als Neulinge, zum ersten Mal konfrontiert mit dieser Symbiose eines komplizierten Filmapparats und dem einer Opernentstehung, hatten uns auf etwas eingelassen, was in der Praxis bedeutete, ein Orchester und Chor und Solisten synchron zu halten im an sich schon komplizierten und eher anarchistischen Studiobetrieb, mit einem Aufwand von mindestens 200 Musikern und über 50 bis 100 Filmleuten, wenn das reicht, ohne die Statisten zu zählen. Und das alles geleitet von einem musikalischen Laien ohne professionelle Erfahrung in diesen professionellen Dingen, nur angewiesen auf das Vertrauen zu seinem Assistenten, Wolfgang Schröter, ohne dessen Noten- und Werkkenntnis vieles so nicht möglich gewesen wäre, und auf ein erstaunlich sensibles Studioteam von Dolbyfahrern, Schärfenassistenten,

Beleuchtern und Bühnenarbeitern in dieser für alle ungewöhnlichen Arbeit, zu der vom ersten bis zum letzten Tag immer diese Wagner-Musik lief, für die Ohren dieses Hauses sicher ungewohnt und sehr schnell selbstverständlich und sicher nicht ohne Einfluß auf den Ernst und die Sorgfalt der täglichen Arbeit, was allem die nötige Wichtigkeit gab.

Die Verdienste Igor Luthers an der Kamera, wie während der obigen Notizen fortlaufend angeführt, sind deshalb besonders erwähnenswert, weil es unsere erste Zusammenarbeit war in dem Neuland der Oper für mich, wie für ihn, und für ihn noch in der Technik der Frontprojektion dazu.

Das Ganze geschah ohne Hierarchie der Produktion (Harry und Annie Nap), wenn das Ganze gut zu Ende ging – zu diesem Budget –, ein Wunder für viele, und mit Hilfe freundlichster Diplomatie von seiten französischer Freunde, wenn die Coproduktion trotz aller Anstrengungen und Wünsche von französischer Seite immer wieder schwierig wurde wegen veralteter Routineregelungen der Produktions- und Gewerkschaftsinteressen internationaler Bürokratie.

Und wenn am Anfang Dank an Edith Clever gesagt wurde, so stellvertretend hier als eine der Professionellen von der Bühne, die von den besonderen Schwierigkeiten wußte, da sie die Gefahren ihres Berufes besser kennt als jene, die das zum ersten Mal und in schönster Naivität versuchten, und die das tat ohne eigene Stimme und ihren eigenen Rhythmus der Bewegungen, dienend, um Richard Wagner zu erfüllen und fortzusetzen, so wie die Intention des Films es erforderte, wenn also hier zu danken ist, so sollte es erlaubt sein, auch wenigstens einmal hier zu erwähnen, welch herzzerreißendes Bild mir sofort und unvergeßlich die Monologe des Amfortas waren, von Armin Jordan zu Beispiel, jener Erbarmungsschrei im 1. Akt und in der großen Gralserzählung, in aufbegehrender Wut noch gegen Gott und dessen Hilfe erflehend. Und es sollte erlaubt sein, auch wenigstens hier einmal zu erwähnen, wie ungeheuerlich das »Wie büß ich Sünder meine Schuld« in der Darstellung des weiblichen Parsifal von Karin Krick sich einprägt in der leichtgesenkten Kopfneigung zu Kundry, oder ihr Lächeln in der Aue vor dem Kuß auf Kundrys Stirn zu den Worten: »Auch deine Träne ward zum Segenstaue, du weinest, siehe: Es lacht die Aue«, sowie die Antwort des Gurnemanz, jung und rein, nicht durch Altersentsagung weise, sondern durch eigenen Entschluß, mit den Worten: »Du siehst, das ist nicht so«, am Brunnen, oder wenn er sagt: »Das ist Karfreitags-Zauber, Herr«, oder wenn er Parsifal krönt nach Salbungen und Fußwaschungen in der Aue.

Oder was anders solle man sagen als Dank zu jener Intensität des ersten Parsifal, anläßlich seiner Antworten auf Gurnemanzsche Fragen nach seiner Herkunft und seinem Namen und dieser Klugheit, wie er das »Das weiß ich nicht« auszudrücken vermag, oder die erschrockene Unschuld, anläßlich der Nachricht vom Tod der Mutter an der Bogenmaschine.

Das Wissen, daß diese beiden Parsifals wohl nie mehr und noch nie und trotzdem und gerade hier, ähnlich Stummfilmstars, wie einmal erglühend auftauchen und wahrlich alles zu geben imstande sind, gibt ihnen vielleicht jene seltsame und seltene Spannung von Ausstrahlung und Reinheit, die hier gefordert war. Nie hätte ich wohl aus hunderten oder tausenden sich anbietender Darsteller das gefunden oder auch nur gesucht, in üblicher Weise, was hier zustande kam. Das geht nur aus der Intuition des provozierten Zufalls, mit der so eine Arbeit und ein Team zusammenwächst. Wie gerade diese beiden sich ihre Texte und Musik zu eigen machten, allein und am häuslichen Videoapparat, ist eine eigene kleine Geschichte der Aufmunterung zu diesem Film.

Auch Klingsors »furchtbare Not«, so melancholisch, innig und traurig, von einem jungen und mächtigen Typus wie Aage Haugland gesungen, steht wohl gegen die gewohnte Üblichkeit eines kastrierten Zauberers, ebenso wie sein unerschrockener Liebestod in der Umarmung Richard Wagners, wenn er am Ende fällt.

Die Blumenmädchen, und das sollte durchaus erwähnt werden, haben sich für wenig Geld drei Wochen lang, in täglich dreistündiger, härtester Arbeit, Torturen unterziehen müssen, um diese Texte so zu lernen, daß sie imstande gewesen wären, wie Solisten, jede einzelne, die ganze Länge der Blumenmädchen in Großaufnahme synchron zu singen. Sie waren so gut vorbereitet wie die Soloknappen und Soloritter, die aus filmästhetischen Gründen oft, und für sie traurigerweise, im Bild geopfert werden mußten.

Projekte dieser Art finden oft Helfer, wo man sie nicht vermutet, oder wie sie im Titelvorspann gar nicht auszudrücken sind. Einfach durch Reden, Hinweise, Namens- und Sacherwägungen, sowie Erfahrung von schönstem Einfluß und Gewinn. Zu diesen Helfern gehört – neben dem engsten häuslichen Kreis mit Frau und Tochter – Moidele Bickel, die aus Gründen zu später Anmeldung und schon neu begonnener Arbeit an ihrem Stammtheater Peter Steins in Berlin, selbst nur als Entwerfer der Kostüme der Kundry zur offiziellen Mitarbeit sich bereit finden konnte. Was sie für die Phase der Vorproduktion bis in die ersten Drehwochen hinein wertvoll machte, war, neben ihrer intensiven Klugheit und Kenntnis, die selten gewordene Selbstverständlichkeit einer Liebestreue zu der Sache, die man tut. Wenn ich sage Hilfe, so meine ich wirkliche Hilfe, ohne Honorar und beabsichtigte Namensnennung.

Und nach allem Dank die bange Frage und das Bekenntnis und um Entschuldigung zu bitten: was für ein Aufwand – und wofür? Am Ende vielleicht eine Entschuldigung für die absoluten Forderungen und zur Abgrenzung nötiger Vergleiche gegenüber allen anderen, denen es nicht möglich ist, in ihren Alltagsgeschäften eines Lebens von zehn Opern im Jahr oft die gleiche Absolutheit zum Gesetz ihrer Arbeit und ihres Lebens zu machen, was vielleicht nur als Ausnahmefall und oft auf gar nicht fröhliche Weise diesem Leben abzugewinnen ist.

Dank an
Helga Elisabeth Syberberg
für die Mitarbeit,
und insbesondere an den wichtigen Korrekturen
der schnell entstandenen
Notizen während der vier Wochen
Schneidearbeiten am Film.

ANHANG

Titelliste

Darsteller in der Reihenfolge der Uraufführung 1882 in Bayreuth

AMFORTAS	– Armin Jordan
gesungen von	– Wolfgang Schöne
TITUREL	– Martin Sperr
gesungen von	– Hans Tschammer
GURNEMANZ	– Robert Lloyd
gesungen von	– Robert Lloyd
PARSIFAL 1	– Michael Kutter
PARSIFAL 2	– Karin Krick
gesungen von	– Rainer Goldberg
KLINGSOR	– Aage Haugland
gesungen von	– Aage Haugland
KUNDRY	– Edith Clever
gesungen von	– Yvonne Minton
GRALSRITTER	– Rudolf Gabler
	– Urban von Klebelsberg
	– Bruno Romani-Versteeg
gesungen von	– Gilles Cachemaille
	– Paul Frey
KNAPPEN	– Monika Gaertner
	– Thomas Fink

	– David Meyer
	– Judith Schmidt
gesungen von	– Christer Bladin
	– Tamara Hert
	– Michel Roider
	– Hanna Schaer

KLINGSORS ZAUBERMÄDCHEN
Höchste und
mittlere Höhen

	– Anahita Farrochsad
	– Miriam Feldmann
	– Johanna Fink
	– Alexandra Grünberg
	– Vivian Kintisch
	– Martina Lanzinger
	– Antonia Preser
	– Catharina Preser
	– Claudia Schumann
	– Bettina Stiller
	– Anya Toelle
	– Annette Woll
	– Stephanie Cörler
	– Eva Kessler
	– Catharina Klemm
	– Judith Klemm
	– Sabine Kückelmann
	– Isabelle Malbrun
	– Caroline Riollot
	– Guillemette Riollot
	– Sofia Romani
	– Ina Schröter
	– Balthasar Thomass
	– Sophie von Uslar
gesungen von	– Britt-Marie Aruhn
	– Jocelyne Chamonin

	– Tamara Hert
	– Gertrud Oertel
	– Eva Saurova
	– Hanna Schaer
ALTSTIMME aus der Höhe (Gralsträgerin Synagoge der Glaube) *gesungen von*	– Amelie Syberberg
	– Gertrud Oertel
DER KLEINE PARSIFAL	– David Luther Chor der Prager Philharmonie

Orchestre Philarmonique de Monte Carlo

MUSIKALISCHE LEITUNG	– Armin Jordan
MUSIKAUFNAHMEN	– Erato Paris – Michel Garcin – Pierre Lavoix/Jerôme Paillard – Jean-Pierre Brossmann
MISCHUNG DOLBY STEREO	– Pierre Lavoix/Jerôme Paillard – Milan Bor
KAMERA	– Igor Luther

Ausstattung:

ARCHITEKT	– Werner Achmann
SKULPTUREN	– Rudolf Vincent Rotter
PUPPEN	– Atelier Stummer & Buchwald
KUNSTMALER	– Johann Ploner
MODELLE	– Flo Nordhoff
REQUISITE	– Peter Dürst – Rüdiger Wagner

KOSTÜME	– Veronika Dorn
	– Hella Wolter
KOSTÜME KUNDRY	– Moidele Bickel
GARDEROBE	– Horst Kutzbach
	– Marion Siekmann
MASKEN	– Edwin Erfmann
	– Brigitte Raupach
	– Josianne Deschamps
STUDIOTON	– Norbert Lill
	– Peter Rappel
STANDFOTOS	– Natalie Mayer und
	Hans Peter Litscher
SCRIPT	– Gretl Zeilinger
KAMERAASSISTENZ	– Marian Sloboda
	– Peter Kalisch
SYNCHRONDIRIGENTEN	– Bruce Cohen
	– Michael Zilm
AUFNAHMELEITUNG	– Ike Werk
	– Lothar Schilling
REGIEASSISTENZ	– Wolfgang Schröter
	– Helga Asenbaum (Studio)
	– Hanns Kunitzberger
	(Ausstattung)
	– Hans Peter Litscher (Paris)
	– Guy Patrick Sainderichin (Paris)
KÜNSTLERISCHE MITARBEIT	– Bernard Sobel
SCHNITT	– Jutta Brandstaedter
	– Marianne Fehrenberg
PRODUKTIONSLEITUNG	– Harry Nap
	– Annie Nap-Oléon
REGIE	– Hans Jürgen Syberberg

Copyright © MCMLXXXII
Co-producteur TMS FILM München – Bayerischer Rundfunk –
GAUMONT Paris
Hergestellt in den Bavaria Ateliers München. Gedreht mit ARRI.
Die Musik für den Film wurde aufgenommen von Erato (Paris)

Dieser Film ist im klassischen Normalformat gedreht
(Vorführmaske 1:1,33) und darf nicht auf Breitwand vorgeführt werden.

Bildnachweis

Dirk Franke: S. 114, 118, 126, 127, 129, 132/133
Hans Peter Litscher: S. 62/63, 73, 75, 83, 86/87, 90/91, 92/93,
134/135, 140, 149, 156/157, 174–188, 201, 203, 204/205,
208/209, 212/213, 214/215, 217, 238/239, 279
Natalie Maier: S. 8, 14, 28/29, 112, 141, 142, 143, 147, 152/153,
154, 155, 158/159, 164/165, 168, 268/269
Wolfgang Schröter: S. 100, 101, 120/121
Hans Jürgen Syberberg: S. 10, 17, 20, 36/37, 52/53, 278
Filmfotos (Schneidetisch): S. 64, 76, 122, 125, 150, 151, 169,
171, 231, 232, 234, 256–261

HEYNE BÜCHER

Schlag nach bei Heyne

Unentbehrliche und in ihrer Art einmalige Lexika

Kurt Pahlen
Das große Heyne-Opern-Lexikon
Eine umfassende Darstellung der Opern der Welt und ihrer Komponisten, in der jeweils Besetzung, Handlung, Quellen, Textbuch, Musik und Geschichte von 500 Werken des internationalen Opernrepertoires beschrieben werden.
08/4756 - DM 12,80

Eberhard Rebling
Das große Ballett-Lexikon
Dieser Führer durch die Welt des Balletts von A bis Z enthält die Ballette aus den Repertoires unserer Theater, aber auch historisch bedeutende Werke sowie die neuesten Tanzschöpfungen des In- und Auslandes.
08/4764 - DM 9,80

Kurt Pahlen
Das große Heyne-Konzert-Lexikon
Die Sinfonien und Konzerte der Welt und ihre Komponisten. Kein Konzertführer üblichen Stils, sondern ein umfassendes Kompendium der Musik.
08/4547 - DM 9,80

Wilhelm Heyne Verlag München

Heyne Taschenbücher zu großen Filmen und großen Schauspielern.

Ingmar Bergman
Szenen einer Ehe
01/5275 – DM 6,80

Simone Signoret
Ungeteilte
Erinnerungen
01/5517 – DM 7,80

George Carpozi
John Wayne
01/5559 – DM 5,80

Peter Ustinov
Ach du meine Güte
01/5622 – DM 7,80

Gisela Uhlen
Mein Glashaus
01/5719 – DM 6,80

Sophia Loren
**Sophia Loren –
Leben und Lieben**
01/5754 – DM 6,80

Thomas Jeier
**Bud Spencer und
Terence Hill**
01/5762 – DM 5,80

Erich Schaake
Ingrid Bergman
01/5764 – DM 5,80

Pierre Boulle
Die Brücke am Kwai
01/5835 – DM 5,80

Georges Conchon
Die Bankpräsidentin
Der Roman zum Film
»Die Bankiersfrau«
01/5846 – DM 5,80

Christine Sparks
**Der Elefanten-
Mensch**
01/5847 – DM 6,80

James M. Cain
**Wenn der Postmann
zweimal klingelt…**
01/5938 – DM 5,80

Alvin H. Marill
Katharine Hepburn
Heyne Filmbibliothek
32/8 – DM 5,80

Tony Thomas
Gregory Peck
Heyne Filmbibliothek
32/11 – DM 5,80

Uwe Jens Schumann
Hans Albers
Heyne Filmbibliothek
32/18 – DM 6,80

Robert Chazal
Louis de Funés
Heyne Filmbibliothek
32/20 – DM 6,80

Gregor Ball
Heinz Rühmann
Heyne Filmbibliothek
32/24 – DM 7,80

Karin Wichmann
Hans Moser
Heyne Filmbibliothek
32/28 – DM 6,80

Ray Bradbury
Fahrenheit 451
Heyne
Science Fiction
06/3112 – DM 3,80

Alan Dean Foster
Kampf der Titanen
Heyne
Science Fiction
06/3813 – DM 5,80

Alan Dean Foster
Outland
Heyne
Science Fiction
06/3841 – DM 7,80

Wilhelm Heyne Verlag
München